STUBAIER ALPEN

Wolfgang Heitzmann

KOMPASS Wanderführer

Wolfgang Heitzmann

Jahrgang 1958, lebt in der Nähe von Innsbruck. Er war als Tourismusberater und Reiseredakteur in verschiedenen europäischen Ferienregionen tätig und auch am Aufbau von Nationalparken beteiligt. Daneben realisierte er zahlreiche Themenwege, publizierte in zahlreichen Magazinen und verfasste 26 Bücher, von denen einige in Übersetzungen vorliegen.

1. Auflage: 2005 · ISBN 3-85491-292-7 Verlagsnummer 906

Text und Fotografie: Wolfgang Heitzmann

Lektorat: Karin Straßer

Bildnachweis: Bild S. 21 Robert Oberarzbacher. Alle anderen Aufnahmen von Wolfgang Heitzmann und Renate Gabriel.

Titelbild: Die Starkenburger Hütte gegen den Habicht.

Bild Innentitel Seite 1: Abendstimmung über der Serles.

Bild S. 3: Die Serles im herbstlichen Neuschnee, von der Pfarrachalm gesehen.

Bild S. 5: Luftige Rast am Fuße der Marchreisenspitze (Kalkkögel).

Grafische Herstellung: wt-BuchTeam
Wanderkartenausschnitte: © KOMPASS-Karten GmbH
Höhenprofile: wt-BuchTeam

Da die Angaben eines Wanderführers in der heute so schnelllebigen Zeit fast ständig Veränderungen unterworfen sind, kann für die Richtigkeit keine Gewähr übernommen werden. Auch lehrt die Erfahrung, dass Irrtümer nie ganz zu vermeiden sind. Für Berichtigungen und Verbesserungsvorschläge ist die Redaktion stets dankbar. Korrekturhinweise bitte an folgende Anschrift:

Walter Theil, Irmengardstraße 9, 84518 Garching/Alz (Deutschland)

Telefon 0049-(0)8634/68 98 03 · Fax 0049-(0)8634/68 98 04

E-mail: info@wt-buchteam.de · www.wt-buchteam.de

oder an

KOMPASS-Karten GmbH, Kaplanstraße 2, 6063 Rum/Innsbruck (Österreich)

Telefon 0043-(0)512/26 55 61-0 · Fax 0043-(0)512/26 55 61-8

E-mail: kompass@kompass.at · www.kompass.at

Vorwort

»Wer großartige Naturerscheinungen ohne Aufwand und ohne viel Anstrengungen, wer insbesondere herrliche Wasserfälle und die ganze Pracht einer gewaltigen Eiswelt zu sehen wünscht, gehe nach Stubai.« Diese Empfehlung, 1842 in Johann Jakob Stafflers Landeskunde von Tirol und Vorarlberg formuliert, gilt noch heute. Etwa 40 km und fast 3000 Höhenmeter trennen die Tiroler Landeshauptstadt Innsbruck vom Zuckerhütl, dem höchsten Berg der Stubaier Alpen. Dazwischen erheben sich sanfte Waldberge, irrwitzig verwitterte Felskämme und mehr als 50 gletschergeschmückte Dreitausender, die aus höchst unterschiedlichen Gesteinen aufgebaut sind. Sucht man ein Modell der Alpen, das alle Landschaftselemente auf engstem Raum zeigt – hier könnte man es finden.
Die folgenden Touren führen Sie jedoch nicht nur in die Stubaier Bergwelt, sondern auch zu den Naturwundern und Kulturlandschaften im Obernberg- und Gschnitztal, rund um die imposanten Zacken der Kalkkögel und im stillen Sellraintal. Meist handelt es sich dabei um Bergwanderungen im mittleren Schwierigkeitsbereich; Sie finden aber auch beschauliche Talspaziergänge, spannende Gipfeltouren und fantastische Höhenwege, deren Begehung mehrere Tage in Anspruch nimmt. Da und dort wird diese »alpine Speisekarte« mit zusätzlichen Tourentipps ergänzt – so lässt sich z.B. manche Alm- und Hüttenwanderung mit der Ersteigung eines »Hausberges« verfeinern.
Ich habe all diese Wege und Routen in den vergangenen beiden Jahren recherchiert und diese großartige Landschaft sehr intensiv erlebt. Möge Sie dieses Wanderbuch ebenso viele schöne Stunden in den Stubaier Alpen begleiten! *Wolfgang Heitzmann*

INHALT

Wilder Pfaff (links) und Zuckerhütl.

Rund um das Stubaital

Selbst flüchtige Reisende richten auf der Fahrt über den Brenner nach Süden ihre Blicke öfters nach Westen: Über dem Stubaital, das zwischen der Europabrücke und der Mautstation Schönberg einen atemberaubend schönen Einblick bis zu seinen Gletschern gewährt, aber auch weiter südwärts bis in die Sterzinger Gegend stehen hellgraue und zerklüftete Berge, die einen auffallenden Gegensatz zu den dunklen und sanfter geformten Schiefergneis-Gipfel ihrer Umgebung bilden. Sie fielen schon anno 1798 einem französischen Geologen namens Déodat de Dolomieu auf: Er klaubte einige dieser weißen Steine aus einem Bachbett, untersuchte sie und stellte fest, dass es sich dabei nicht um Kalk, sondern um ein spezielles Gestein handelte. Es sollte später seinen Namen tragen: Die Dolomiten stehen also eigentlich hier.

Doch Gebirgsbezeichnungen waren das geringste Problem der Bergbewohner, die im ständigen Überlebenskampf mit einer unerbittlichen Natur standen. Dass sie schon sehr früh über hohe Pässe wanderten, beweist nicht nur der Fund des »Eismannes« in den benachbarten Ötztaler Alpen, sondern auch ein steinzeitlicher Rastplatz, den Archäologen im Fotscher Tal erforscht haben. Bronzezeitliche Siedlungsreste und rätoromanische Flurnamen wie Falbeson (val busana = Sacktal) oder Tschangelair (cingularia = Einzäunung) belegen auch im Stubaital eine lange Siedlungskontinuität. Selbst der Talname, dessen Bedeutung unklar ist, könnte aus vorromanischer Zeit stammen. Fest steht dagegen, dass sich die Bezeichnung des Stubaier Hauptgewässers – der Ruetz – vom lateinischen arrugium herleitet, was soviel wie Graben oder Bach bedeutet.

Wo dieses Wildwasser nach seinem 32 km langen Lauf in die Sill mündet, bauten die Römer den uralten Saumweg zum Brennerpass zu einer Straße aus; ein Stück der steinernen Fahrrinnen hat man beim Rasthaus an der Europabrücke ausgestellt. Auf dieser Route wanderten ab dem sechsten Jahrhundert die Baiern nach Süden ein, wobei sie auch die Seitentäler urbar machten – und zwar noch weit über der heutigen Obergrenze der dauernd bewohnten Zonen. Am Eingang ins Stubai entstand **Schönberg,** das, direkt an der Brennerroute gelegen, am meisten vom wechselhaften Lauf der Geschichte abbekam. Jüngstes Beispiel: Die einst ersehnte Brennerautobahn wurde vom Symbol des Fortschritts zum Synonym der ausufernden Transitproblematik, die das Dorf in Form einer Fahrbahnschlinge fast erwürgt. 4 km weiter südwestlich gelangt man in den Nachbarort **Mieders,** der unter der ebenso gewaltigen wie fotogenen Serles (2717 m) liegt. Gegenüber recken sich die Kalkkögel, die »Nordtiroler Dolomiten«, in die Luft. An ihrem Fuß liegt **Telfes,** der älteste Ort des Stubaitals, seine Mutterpfarre und bis 1690 auch Sitz des Gerichts. Der in Tirol verbreitete Ortsname könnte auf die indogermanische Wortwurzel tellevo zurückgehen und so viel wie »nutzbarer Boden« bedeuten. Der Greifvogelpark von Telfes zählt zu den besonderen Attraktionen der Region.

Das 2 km entfernte **Fulpmes** ist seit jeher für seine metallverarbeitenden Betriebe bekannt. Schon aus dem Jahre 1357 ist hier ein Chunrad der Smid überliefert. In dieser Tradition, die auf den einstigen Bergbau unterhalb der Kalkkögel und der Serles zurückgeht, steht die 1897 gegründete Werkgenossenschaft bis heute: Ihre Mitgliedsbetriebe haben sich nicht nur auf Bergsportartikel wie Karabiner und Steigeisen, sondern auch auf High-Tech-Werkzeug spezialisiert. Im örtlichen Schmiedemuseum kann man diese Entwicklung gut nachvollziehen. **Neustift** im hinteren Talbereich ist trotz seiner intensiven Tourismus-Infrastruktur bis heute von der Arbeit der Bergbauern geprägt: Der flache Boden war lange Zeit versumpft, also kultivierte man die Terrassen- und Hangbereiche darüber. Das liebevoll ausgestattete Heimatmuseum im alten Forsterhaus erzählt vom harten und oft auch sehr einsamen Alltag der »Thaler«, wie man die Bewohner der hinteren Talbereiche einst nannte.

Knapp vor Neustift, beim Weiler Neder, mündet von Süden das Pinnistal ein: Eingerahmt vom Elfer-Massiv und dem Serleskamm – beide bestehen aus Dolomit – gibt

Neustift im hinteren Stubaital.

es den Weg zum 3277 m hohen Habicht frei. Der mit drei kleinen Gletschern geschmückte Bergkoloss ist bis ins Inntal hinaus sichtbar. Im südlichen Ortsteil Milders teilt sich das Stubai neuerlich: Die gut ausgebaute Straße führt ins Unterbergtal, das gegen Südwesten ansteigt und das Schmelzwasser der großen Stubaier Gletscher aufnimmt. Wegweiser zeigen zu den hochalpinen Schutzhütten unter den beiden Feuersteinen (3267 m), dem Wilden Freiger (3418 m), dem Wilden Pfaff (3456 m) und dem elegant geformten Zuckerhütl (3507 m). Ganz hinten im Talschluss steht man plötzlich vor einem riesigen Parkplatz: Die Stubaier Gletscherbahn surrt von der einstigen Mutterberger Alm zu den Eisfeldern unter der Schaufelspitze (3332 m), über die ein dichtes Netz von Liften gezogen wurde. Recht ursprünglich blieb dagegen das Oberbergtal, das bei Milders nach Nordwesten abzweigt und sich dann südwestlich dem hochalpinen Gipfel- und Gletscherkranz um den Alpeiner Ferner zuwendet. Verwechseln Sie es nicht mit dem ebenfalls sehr reizvollen **Obernbergtal,** das bei Gries am Brenner ins Wipptal mündet und nördlich der italienischen Grenze gegen die Tribulaungruppe hinaufzieht. Ähnlich unberührt zeigt sich auch das etwas längere **Gschnitztal:** Sein gleichnamiger Bach entspringt dem Simmingferner unter der 3173 m hohen Schneespitze, einem östlichen Nachbargipfel der Feuersteine, und fließt zwischen mächtigen Dolomitdomen wie dem Pflerscher Tribulaun (3097 m) und der Kirchdachspitze (2840 m) dem Wipptaler Ort Steinach entgegen. Auch der Habicht blickt auf seinen flachen, von mächtigen nacheiszeitlichen Moränenwällen geprägten Talboden herunter. Zwischen dem Gschnitz-, dem Wipp- und dem Stubaital, oberhalb von Matrei am Brenner, schmiegt sich das Kloster Maria Waldrast an den Felssockel der Serles. Geheimnisvolle Schalensteine und der heilsame Brunnen vor der Kirchentür lassen seinen Ursprung als prähistorische Kultstätte am Fuß des »heiligen Berges« von Tirol erahnen. Beliebte Touren-Ausgangspunkte ins Gebiet der Kalkkögel sind die Dörfer des **westlichen Mittelge-**

Die Stöcklenalm im Oberbergtal.

Tieflblick vom Sellraintaler Höhenweg auf Gries im Sellrain.

birges, das die Landeshauptstadt um rund 300 m überhöht. Schon vor 100 Jahren galt es als begehrte Sommerfrische, was sich auch im Bau einer elektrisch betriebenen Schmalspurbahn manifestierte: Seit 1904 schlängeln sich seine Garnituren erst durch Innsbrucks Straßen, dann über Natters und Mutters ins Almidyll der Telfer Wiesen, um schließlich im Bahnhof Fulpmes den Retourgang einzulegen. Etwa in der Mitte des waldreichen Plateaus, in Götzens, findet man eine der schönsten Rokokokirchen des Landes. Westlich des Olympiaortes Axams erreicht man das wildromantische **Sellraintal,** das von 600 m Seehöhe zum 2000 m hoch gelegenen Wintersportort Kühtai ansteigt und dort an das Ötztal anschließt.

Wandert man von den Tälern ins Gebirge hinauf, folgt man den uralten Pfaden der Bergbauern und Hirten, der Bergknappen, Jäger und wohl auch der Wilderer. Der vielleicht bekannteste aller Waidmänner, Kaiser Maximilian I., war im 15. Jahrhundert bereits am Habicht und im »Gejayd am Pfaffen« unterwegs. Der Atlas Tyrolensis, die erste vollständige kartografische Darstellung Tirols, die Peter Anich und Blasius Hueber 1774 veröffentlichten, benennt weiters schon die Serles, einzelne Gipfel der »Kalch Kögl«, die Schaufelspitze, die Daunköpfe oder den »Freule Berg« (Wilder Freiger). Einer der ersten, die das Gebirge aus wissenschaftlichem oder sportlichem Interesse besuchten, war der Wiener Josef Kyselak, der 1825 mit einigen Begleitern und seinem Hund vom Ötztal ins Stubai kam, vermutlich über den Sulztalferner und das Daunjoch. Ab 1830 gelangen dem gelehrten Geistlichen Peter Carl Thurwieser die ersten verbürgten Ersteigungen hoher Stubaier Gipfel, die man damals noch der »Oetzthaler Gruppe« zurechnete. Als eigene Gebirgsgruppe galten die Stubaier Alpen erst in der zweiten Hälfte des 19. Jahrhunderts, als alpine Vereinigungen aus dem ganzen deutschen Sprachraum mit dem Bau der ersten Schutzhütten begannen: 1875 wurde die Dresdner Hütte im hintersten Talbereich eröffnet, 1884 die Innsbrucker Hütte am Habicht, 1885 die Franz-

Ortsinfos

- Axams Tel. ++43(0)5234/68178, www.innsbruck-tourismus.com/axams
- Birgitz Tel. ++43(0)5234/32384, www.innsbruck-tourismus.com/birgitz.
- Fulpmes Tel. ++43(0)5225/62235, www.stubai.at
- Götzens Tel. ++43(0)5234/32236, www.innsbruck-tourismus.com/goetzens.
- Gries-Praxmar-Lüsens Tel. ++043(0)5236/224, www.sellrain.at
- Grinzens Tel. ++43(0)5234/68387, www.innsbruck-tourismus.com/grinzens
- Gschnitz Tel. ++43(0)5272/6270, www.wipptal.at
- Matrei am Brenner Tel. ++43(0)5273/6278, www.wipptal.at
- Mieders Tel. ++43(0)5225/62530, www.stubai.at
- Mutters Tel. ++43(0)512/548410, www.innsbruck-tourismus.com/mutters
- Natters Tel. ++43(0)512/546715, www.innsbruck-tourismus.com/natters
- Neustift im Stubaital Tel. ++43(0)5226/2529, www.neustift.com
- Obernberg Tel. ++43(0)5274/87532, www.wipptal.at
- Schönberg Tel. ++43(0)5225/62567, www.stubai.at
- St. Sigmund-Haggen Tel. ++43(0)5236/570, www.sellrain.at
- Sellrain Tel. +43(0)5230/244, www.sellrain.at
- Steinach am Brenner Tel. ++43(0)5272/6270, www.wipptal.at
- Telfes Tel. ++43(0)5225/62750, www.stubai.at
- Trins im Gschnitztal Tel. ++43(0)5275/5337, www.trins-tirol.at

Senn-Hütte im Alpeiner Tal und die Nürnberger Hütte über dem Langental, 1886 das 3190 m hoch gelegene Becherhaus (südlich des Alpenhauptkamms über dem Übeltalferner), 1897 die Bremer Hütte. Die bergbegeisterten Idealisten schichteten auch die Zustiegs- und Verbindungswege auf, markierten Routen durch die Urlandschaft und hielten das Wegenetz instand. Sie schufen damit die Grundlagen für einen touristischen Aufschwung, der den armen Bergbauerntälern zu einem weiteren wirtschaftlichen Standbein verhalf.

Inzwischen zählt das Stubaital zu den Tiroler Top-Destinationen – in erster Linie wegen seiner Skigebiete, die jedoch zeitweise großstädtisch anmutende Verkehrslawinen ins Tal lenken. Dafür konnten die Hochtäler bisher vor Stauseen und die meisten Wasserfälle vor der Austrocknung bewahrt werden. Damit das so bleibt, stehen weite Gebiete der Stubaier Alpen unter dem Schutz des Landes Tirol: Das 77,7 km² große Ruhegebiet Kalkkögel umfasst die Telfer Wiesen, die Saile (Nockspitze), den Bereich der Kalkkögel mit Ausnahme der Axamer Lizum sowie das obere Fotschertal. Das anschließende Ruhegebiet Stubaier Alpen ist 352,2 km² groß und reicht von den Sellrainer Bergen bis zu den Gletschergebieten über dem Ötztal. Im Osten schließen sich das Landschaftsschutzgebiet Serles – Habicht – Zuckerhütl (180 km²) zwischen Stubai- und Gschnitztal sowie das 92 km² große Landschaftsschutzgebiet Nösslachjoch – Obernberger See – Tribulaune rund um das Obern-

Die gastliche Bremer Hütte.

bergtal an. Hoffen wir, dass die entsprechenden Gesetze angesichts des drohenden Kraftwerksprojekts im Ötztal, das weitere Wasserableitungen im Stubaier Bereich erfordern würde, halten...

Hütten, Almen, Berggasthöfe

Bitte beachten Sie, dass sich die angegebenen Telefonnummern kurzfristig ändern können. Auch die Bewirtschaftungszeiten variieren mitunter wetterbedingt, und selbst ganzjährig bewirtschaftete Betriebe machen einmal Urlaub. Aktuelle Informationen gibt's in den Tourismusbüros.
Abkürzungen: AV = Alpenverein, TVN = Touristenverein »Die Naturfreunde«.

Obernberg-, Gschnitz- und Wipptal

Blaserhütte
2176 m, auf dem Blaser, von Anfang Juni bis Ende September bewirtschaftet, Nächtigungsmöglichkeit, Tel. 05275/5251.
Bremer Hütte
2413 m, AV, im Simmingtal am Fuß der Feuersteine, Nächtigungsmöglichkeit, Tel. 0664/4605831.
Gerichtsherrnalm
1663 m, unter dem Nösslacherjoch, von Mitte Juni bis Ende September bewirtschaftet,
Tel. 05274/87250.
Innsbrucker Hütte
2370 m, AV, knapp südlich unter dem Pinnisjoch, Nächtigungsmöglichkeit, von Mitte Juni bis Anfang Oktober bewirtschaftet,
Tel. 05276/295, 05226/2930,
www.innsbrucker-huette.at.
Laponesalm
1472 m, im hintersten Gschnitztal, von Anfang Mai bis Ende Oktober bewirtschaftet, Nächtigungsmöglichkeit, Tel. 0664/1634190.
Maria Waldrast, Klostergasthof
1638 m, am Fuß der Serles, ganzjährig bewirtschaftet, Nächtigungsmöglichkeit,
Tel. 05273/6219.
Obernberger See, Alpengasthof
1594 m, am Obernberger See, im Sommer und im Winter bewirtschaftet, Nächtigungsmöglichkeit,
Tel. 05225/62317.
Padasterjochhaus
2232 m, TVN, oberhalb von Trins, von Mitte Juni bis Ende September bewirtschaftet, Nächtigungsmöglichkeit Tel. 0669/11175352,
www.padasterjochhaus.at.

Sattelbergalm (Sattelalm)
1633 m, am Sattelberg, im Sommer und im Winter bewirtschaftet, Nächtigungsmöglichkeit, Tel. 05274/87717, www.sattelalm.com.

St. Magdalena, Jausenstation
1661 m, über dem Gschnitztal, von Anfang Juni bis Ende September bewirtschaftet, Nächtigungsmöglichkeit, Tel. 0664/2432580.

Tribulaunhütte
2064 m, TVN, unter dem Gschnitzer Tribulaun, von Mitte Juni bis Ende September bewirtschaftet, Nächtigungsmöglichkeit, Tel. 05276/252 oder 78004.

Trunahütte
1913 m, unter der Trunaalm, von Ende Mai bis Ende September bewirtschaftet, Nächtigungsmöglichkeit, Tel. 0664/3444055.

Stubaital

Alpenfrieden, Gasthof
1472 m, in Seduck im Oberberger Tal, Nächtigungsmöglichkeit, ganzjährig bewirtschaftet, Tel. 05226/2294.

Alpeiner Alm
2000 m, im Alpeiner Tal unterhalb der Franz-Senn-Hütte, von Mitte Juni bis Mitte September bewirtschaftet, Tel. 05226/3352 oder 0664/4637217.

Alt Bärenbad, Gasthof
1248 m, im Oberbergtal, ganzjährig bewirtschaftet, Tel. 05226/2298.

Auffangalm
1671 m, unterhalb der Seblasspitze, Nächtigungsmöglichkeit, von Mitte Juni bis Mitte Oktober bewirtschaftet, Tel. 0664/3762069.

Autenalm
1658 m, unter der Elferspitze, Nächtigungsmöglichkeit, von Mitte Mai bis Mitte Oktober bewirtschaftet, Tel. 05226/2414.

Bacherwandalm
1620 m, unter dem Glücksgrat (Habicht-Massiv), Nächtigungsmöglichkeit, von Anfang Juni bis Ende Oktober bewirtschaftet, Tel. 05226/2841.

Bärenbad, Gasthof
1250 m, im Oberbergtal, ganzjährig bewirtschaftet, Tel. 05226/2291.

Bergrestaurant Agrar
(Agrarrestaurant)
1790 m, bei der Bergstation der Elferbahn, von Mitte Mai bis Ende Oktober bewirtschaftet, Tel. 05226/3444.

Bichlhof
1160 m, oberhalb von Milders bei Neustift, von Anfang Juni bis Ende Oktober bewirt-

Die Tribulaunhütte des TVN.

Blick von der Elferhütte über das Stubaital bis zum Karwendel.

schaftet (Mo, Di Ruhetag), Tel. 05226/2733.

Brandstattalm
1810 m, unter der Seblasspitze, Nächtigungsmöglichkeit, im Sommer und im Winter bewirtschaftet, Tel. 05226/2148.

Bsuchalm
1580 m, im Langental unter dem Wilden Freiger, von Anfang Juni bis Ende Oktober bewirtschaftet, Tel. 05226/2216.

Doadleralm
1220 m, in Falbeson, im Sommer und im Winter bewirtschaftet, Tel. 05226/2033.

Dresdner Hütte
2302 m, AV, im Fernautal (Stubaier Gletscherbahn), Nächtigungsmöglichkeit, von Anfang Juli bis Anfang Oktober und im Winter bewirtschaftet, Tel. 05226/8112.

Elferhütte
2004 m, unter der Elferspitze, Nächtigungsmöglichkeit, von Anfang Juni bis Mitte Oktober und im Winter bewirtschaftet, Tel. 05226/3444.

Falbesoner Ochsenalm
1822 m, im Falbesoner Tal unterhalb der Neuen Regensburger Hütte, von Mitte Juni bis Mitte September bewirtschaftet, Tel. 0676/7414268.

Franz-Senn-Hütte
2149 m, AV, im hinteren Oberbergtal (Alpeiner Tal), Nächtigungsmöglichkeit, von Mitte Juni bis Mitte Oktober und während der Skitourensaison bewirtschaftet, Tel. 05226/2218.

Gleinserhof
1412 m, oberhalb von Schönberg, von Anfang Mai bis Ende Oktober bewirtschaftet (Mo Ruhetag), Tel. 05225/62100.

Grawa-Alm
1534 m, im hinteren Unterbergtal an der Straße zur Stubaier Gletscherbahn, von Mai bis Ende September und im Winter bewirtschaftet, Tel. 0676/4121009.

Herzebner Almwirt
1300 m, im Pinnistal, Nächtigungsmöglichkeit, im Sommer und im Winter bewirtschaftet, Tel. 0664/1845745.

Hoch-Seduckalm
2249 m, am Stubaier Höhenweg über dem Oberbergtal, Nächtigungsmöglichkeit, von Mitte Juni bis Anfang Oktober bewirtschaftet, Tel. 05226/2294.

Issenangeralm
1372 m, im Pinnistal, von Mai bis Anfang November bewirtschaftet, Tel. 0664/9657023.

Bergsteigerheimat im Alpeiner Tal: die Franz-Senn-Hütte.

ber bewirtschaftet, Tel. 05226/2492.

Oberhausalm
1350 m, oberhalb von Ranalt, Nächtigungsmöglichkeit, von Mitte Mai bis Anfang Oktober bewirtschaftet, Tel. 05225/2384.

Karalm
1747 m, im Pinnistal, von Ende Mai bis Ende Oktober bewirtschaftet, Tel. 05226/3722.

Klamperbergalm
1803 m, unter der Zwölferspitze, von Anfang Juni bis Mitte Oktober bewirtschaftet, Tel. 05226/2018.

Koppeneck, Panoramarestaurant
1605 m, bei der Bergstation der Hochserlesbahn oberhalb von Mieders, während der Seilbahn-Betriebszeiten bewirtschaftet, Tel. 05225/62849.

Milderaunalm
1671 m, unter der Brennerspitze, Nächtigungsmöglichkeit, von Anfang Mai bis Mitte Oktober und im Winter bewirtschaftet, Tel. 05226/3489.

Mischbachalm
1848 m, unter dem Glücksgrat (Habicht), von Ende Mai bis Anfang Oktober bewirtschaftet, Tel. 05226/2812.

Nürnberger Hütte
2280 m, AV, unter dem Wilden Freiger, Nächtigungsmöglichkeit, von Mitte Juni bis Anfang Okto-

Oberisshütte
1742 m, im Oberbergtal, von Mitte Mai bis Ende Oktober bewirtschaftet, Tel. 05225/62857.

Ochsenhütte
1582 m, am Koppeneck bei Mieders, von Pfingsten bis Ende September und im Winter bewirtschaftet, Tel. 0664/3135257.

Pinnisalm
1560 m, im Pinnistal, von Mitte Mai bis Mitte November bewirtschaftet, Tel. 0676/6082864.

Regensburger Hütte, Neue
2287 m, AV, im Falbesoner Tal, Nächtigungsmöglichkeit, von Mitte Juni bis Ende September bewirtschaftet, Tel. 05226/2520.

Schangelairalm
(Tschangelairalm)
1390 m, im Unterbergtal an der Straße zur Stubaier Gletscherbahn, im Sommer und im Winter bewirtschaftet, Tel. 05226/2201.

Sonnenstein, Gasthaus
1365 m, unter der Serles, von Mitte Mai bis Mitte Oktober bewirtschaftet, Tel. 05226/2546.

Stöcklenalm
1598 m, im Oberberger Tal, von Anfang Juni bis Anfang Oktober

und im Winter bewirtschaftet, Tel. 05226/2365.

Sulzenaualm
2191 m, über dem hinteren Unterbergtal, von Anfang Juni bis Anfang Oktober bewirtschaftet, Tel. 0676/5603090.

Sulzenauhütte
2191 m, AV, unter dem Sulzenauferner, Nächtigungsmöglichkeit, von Anfang Juni bis Anfang Oktober bewirtschaftet, Tel. 05226/2432.

Wildeben, Gasthaus
1781 m, unter der Serles, im Mai und Juni Samstag/Sonntag und zu Pfingsten, von Anfang Juli bis Anfang Oktober durchgehend bewirtschaftet, Tel. 05225/64688.

Zirkenhof, Gasthof
1204 m, oberhalb von Mieders, von Juni bis September bewirtschaftet, Tel. 05225/63151.

Rund um die Kalkkögel

Adolf-Pichler-Hütte
1977 m, oberhalb der Kemater Alm am Fuß der Kalkkögel, von Juni bis Ende Oktober bewirtschaftet, Tel. 05238/53194.

Außerpfurtschell, Jausenstation
1297 m, oberhalb von Außerrain bei Neustift, ganzjährig bewirtschaftet, Tel. 05226/2752.

Birgitzer Alm
1808 m, oberhalb von Axams, im Sommer und im Winter bewirtschaftet, Tel. 0664/3371210.

Birgitzköpflhaus
2035 m, TVN, unter der Saile (Nockspitze), von Mitte Juni bis Mitte Oktober und im Winter bewirtschaftet, Tel. 05234/68100.

Bruggeralm
1362 m, bei der Mittelstation der Kreuzeckbahn (Schlick 2000) oberhalb von Fulpmes, während der Seilbahn-Betriebszeiten bewirtschaftet, Tel 05225/64644.

Ebnerhof, Jausenstation
1085 m, oberhalb von Neustift, ganzjährig bewirtschaftet, Tel. 05226/2231.

Forchach, Jausenstation
1341 m, oberhalb von Milders bei Neustift, ganzjährig bewirtschaftet, Tel. 05226/3129.

Fronebenalm
1362 m, oberhalb von Fulpmes (Skigebiet Schlick), im Sommer und im Winter bewirtschaftet, Tel. 05225/62211.

Galtalm
1634 m, unter dem Kreuzjoch, von Mitte Mai bis Ende Oktober bewirtschaftet, Tel. 0664/3340862.

Die Fahne der Kaserstattalm flattert vor der Serles.

Hofer, Jausenstation (Unterkartnall)
1284 m, oberhalb von Neustift, ganzjährig bewirtschaftet, Tel. 05226/3429.
Kaserstattalm
1890 m, unter dem Großen Burgstall (Kalkkögel), von Mitte Mai bis Ende Oktober bewirtschaftet, Tel. 05226/2726.
Kemater Alm
1673 m, im Senderstal (Mautstraße von Grinzens), von Mitte Mai bis Ende Oktober bewirtschaftet, Tel. 05223/56212.
Knappenhütte
1820 m, unter dem Kreuzjoch, von Anfang Juni bis Ende Oktober bewirtschaftet, Tel. 05226/2219.
Kreither Alm
1492 m, unter der Saile (Nockspitze), von Mai bis Ende Oktober bewirtschaftet, Tel. 0512/546781.
Kreuzeck, Panoramarestaurant
2100 m, bei der Bergstation der Kreuzjochbahn (Schlick 2000) oberhalb von Fulpmes, während der Seilbahn-Betriebszeiten bewirtschaftet.
Lizumer Alm
1564 m, in der Axamer Lizum, ganzjährig außer von Mitte April bis Ende Mai, im Oktober und November bewirtschaftet, Tel. 05234/68403.
Lizumer Hof, Wanderhotel
1564 m, in der Axamer Lizum, ganzjährig bewirtschaftet, Tel. 05234/68244.
Mutterer Sennalm
1608 m, unter dem Pfriemesköpfl (Nockspitze), im Sommer bewirtschaftet, Tel. 0669/17033706.
Nockhof
1240 m, oberhalb von Mutters, im Sommer und im Winter bewirtschaftet, Tel. 0512/548044.
Oberkartnall, Jausenstation
1284 m, oberhalb von Neustift, ganzjährig bewirtschaftet, Tel. 05226/3488.
Pfarrachalm
1736 m, unter dem Nederjoch, von Pfingsten bis Allerheiligen bewirtschaftet, Tel. 0676/3340131.
Pfurtschellalm
1297 m, oberhalb von Außerrain bei Neustift, ganzjährig bewirtschaftet, Tel. 05226/2753.
Raitiser Alm
1553 m, unter dem Spitzmandl (Nockspitze), im Sommer bewirtschaftet.
Schafalm
1566 m, Nordwestlich der Axamer Lizum, im Sommer bewirtschaftet.
Scheipenhof
1139 m, oberhalb von Raitis bei Mutters, im

Kaiserschmarrn mit Seeblick.

Kreither Alm: Auch die Kühe schätzen die Sommerfrische.

Sommer und im Winter bewirtschaftet, Tel. 0512/562900.

Schlicker Alm
1642 m, im Skigebiet Schlick, von Mitte Mai bis Ende Oktober und im Winter bewirtschaftet, Tel. 05225/62409.

Sennjochhütte
2190 m, am Kreuzjoch im Skigebiet Schlick, von Mitte Mai bis Ende Oktober und im Winter bewirtschaftet, Tel. 05225/62409.

Starkenburger Hütte
2237 m, unter dem Großen Burgstall, von Anfang Juni – Anfang Okt. bewirtschaftet, Nächtigungsmöglichkeit, Tel. 05226/2867.

Stockerhof, Gasthof
1150 m, oberhalb von Kreith bei Mutters, von April bis Oktober und im Winter bewirtschaftet (Montag/Dienstag Ruhetag), Tel. 0512/572080.

Vergör, Gasthof
1266 m, oberhalb von Fulpmes, ganzjährig bewirtschaftet, Tel. 05225/62253.

Sellraintal

Bergheim Fotsch, Alpengasthof
1464 m, im Fotscher Tal, ganzjährig außer November bewirtschaftet, Nächtigungsmöglichkeit, Tel. 0664/2245572.

Gleirschalm
1666 m, im Gleirschtal, von Mitte Juni bis Ende August und im Winter bewirtschaftet (die restlichen Zeiten im Tourismusbüro erfragen), Tel. 05236/208.

Juifenalm
2022 m, unter dem Fotscher Windegg, von Anfang Juni bis Ende September bewirtschaftet, Nächtigungsmöglichkeit, Tel. 0664/2209888.

Lüsens Alm
1634 m, in Lüsens, von Anfang Juli bis Ende September bewirtschaftet, Tel. 05236/60010.

Pforzheimer Hütte, Neue (Adolf-Witzenmann-Haus)
2308 m, AV, im hinteren Gleirschtal (Sellrainer Berge), von Mitte Juni bis Ende September und während der Skitourensaison bewirtschaftet, Nächtigungsmöglichkeit, Tel. 05236/521.

Potsdamer Hütte
2009 m, AV, im Fotscher Tal, von Mitte Juni bis Anfang Oktober und im Winter bewirtschaftet, Nächtigungsmöglichkeit, Tel. 05238/52060.

Praxmar, Alpengasthof
1689 m, oberhalb des Lüsnertals, im Sommer und Winter bewirt-

Tief unter der Rosskogelhütte liegt Innsbruck.

schaftet, Nächtigungsmöglichkeit, Tel. 05236/212, www.praxmar.at.

Rosskogelhütte
1777 m, am Rangger Köpfl, im Sommer und Winter bewirtschaftet, Nächtigungsmöglichkeit, Tel. 05232/81419, www.rosskogelhuette.at.

Sonnbergalm
1950 m, oberhalb von St. Sigmund, von Anfang Juni bis Ende September bewirtschaftet, Tel. 0664/4011016.

Westfalenhaus
2276 m, AV, im Längental oberhalb von Lisens, von Ende Juni bis Mitte/Ende September und während der Skitourensaison bewirtschaftet, Nächtigungsmöglichkeit, Tel. 05236/267.

Unterwegs zu den Bergen

Tirol und insbesondere das Wipptal leiden in besonderem Maß unter den Auswirkungen des Transitverkehrs über den Brenner. Jeder kann etwas dazu beitragen, die Verkehrslawine nicht noch zu verstärken. Das Stubaital und die meisten seiner Nachbargebiete sind von Innsbruck aus gut mit öffentlichen Verkehrsmitteln erreichbar.

Bahn und Bus

Verkehrsverbund Tirol:
6020 Innsbruck, Bürgerstraße 2, Tel. 0512/561616 (8–12 Uhr), E-Mail: info@vvt.at, www.vvt.at (Übersichtskarte, Fahrplanabfrage).

Brennerbahn: Innsbruck (Hauptbahnhof) – Matrei am Brenner – Steinach am Brenner – Gries am Brenner – Brenner.

Stubaitalbahn: Innsbruck (Maria-Theresien-Straße) – Stubaibahnhof (Wilten) – Natters – Mutters – Kreith – Telfes – Fulpmes.

Buslinie 8360: Innsbruck (Busbahnhof) – Schönberg – Fulpmes – Neustift – Mutterbergeralm-Talstation (Stubauer Gletscherbahn).

Buslinie 4143/45: Innsbruck (Busbahnhof) – Schönberg – Matrei am Brenner – Steinach am Brenner – Gries am Brenner – Vinaders – Obernberg – Gasthof Waldesruh.

Buslinie 4146: Steinach am Brenner – Trins – Gschnitz – Gasthof Feuerstein

Buslinie 4162: Innsbruck (Bus-Bhf.) – Götzens – Birgitz – Axams – Grinzens (im Sommer auch Busverbindung zur Axamer Lizum).

Bergstraßen – »bike & hike«

Mautpflichtig sind die Zufahrten von Matrei am Brenner nach Maria Waldrast (Wintersperre), die Straße von Milders bei Neustift im Stubaital ins Oberbergtal (gebührenpflichtige Parkplätze, im Winter nur bis Seduck) und von Grinzens bei Axams zur Kemater Alm.
Mautfrei sind die Straße von Milders über Forchach nach Kartnall (meist Wartezeit vor dem Tunnel), von Axams in die Axamer Lizum, von Oberperfuss bzw. Sellrain nach Stiglreith (Wintersperre), von Sellrain zum Bergheim Fotsch (Wintersperre) und von Gries im Sellrain nach Praxmar bzw. Lüsens.
Viele Touren-Ausgangspunkte sind gut per Rennrad bzw. Mountainbike erreichbar – eine ebenso sportliche wie erlebnisreiche Alternative zur Autozufahrt!

Buslinie 4166: Innsbruck (Busbahnhof) – Völs – Kematen – Sellrain – Gries im Sellrain – St. Sigmund (– Praxmar) – Kühtai.

Schmalspurig ins Stubaital

Bergbahnen

Axamer Lizum
Axams, Tel. 05234/68240,
www.axamer-lizum.at.

Bergeralmbahn (Steinacher Bergbahnen)
Steinach am Brenner, Tel. 05272/6333, www.bergeralm.at.

Elferbahn
Neustift im Stubai, Tel. 05226/2270 oder 3383, www.elfer.at.

Hochserlesbahn
Mieders, Tel. 05225/62776-0,
www.hochserles.at.

Kreuzjochbahn (Schlick 2000)
Fulpmes, Tel. 05225/62970,
www.schlick2000.at.

Sattelberglifte (Grieser Bergbahnen)
Gries am Brenner, Tel. 05274/87270, www.sattelberg.at.

Stubaier Gletscherbahn
im hinteren Stubaital,
Tel. 05226/2739-20 oder 8141-150,
www.stubaier-gletscher.com.

Hüttentaxi

Obernberg – Obernberger See (Tel. 05225/62317).
Gschnitz – Laponesalm (Tel. 0664/1634190).
Nach Maria Waldrast (Tel. 0664/4300692).
Fulpmes – Pfarrachalm (Tel. 0664/3340[illegible]31).
Fulpmes – Schlicker Alm (Tel. 05225/62409).
Fulpmes – Vergör (Tel. 0664/5402801).
Hotel Forster in Neder bei Neustift – Pinnisalm (Tel. 05226/2380).
Neustift – Oberbergtal – Oberissalm (Tel. 05226/2626).

Klettersteige

Neben zahlreichen kurzen gesicherten Steigpassagen bietet die Bergwelt rund um das Stubaital auch mehrere ausgesprochene Klettersteige – von altehrwürdigen Eisenwegen über die sportlichen »Klassiker«, die in den 1980er-Jahren auf den Dolomitgipfeln entstanden, bis zur trendigen »Fun-Ferrata« in Hüttennähe. Die zweite und dritte Kategorie setzt die Verwendung eines Klettersteigsets voraus.

Schwarze Wand, 2917 m Der wilde Kalkberg zwischen dem Obernberg- und dem Gschnitztal bietet einiges an Eisen: Technisch einfach, aber alpin anspruchsvoll ist der Aufstieg von der Tibulaunhütte über die Schneetalscharte, der zuletzt über ein senkrechtes Wandl auf das charakteristische Gipfelköpfl führt (2½ Std.). Sicherungen entschärfen auch die Zustiege vom Obernberger See über den Obernberger Tribulaun (4 Std.) bzw. vom Portjoch über den Rosslauf (4½ Std.).

Ilmspitze, 2692 m Ein Hauch von Brenta im Kalkfels der Stubaier! Nach dem Zustieg von der Innsbrucker Hütte (1 Std.) bietet dieser schwierige, aber sehr abwechslungsreiche Klettersteig luftige Bänder und einen finsteren Felsspalt, der mittels Spreizschritt überwunden wird. Zuletzt geht's durch einen Kamin auf den Gipfelgrat (2 Std.). Die sehr anspruchsvolle, nur stellenweise gesicherte Abstiegsroute führt noch einmal über »Brenta-Bänder« (2 Std.). Kurzer Übungs-Klettersteig beim Pinnisjoch.

Kirchdachspitze, 2840 m Die gesicherten Passagen dieses Kalkmassivs sind nur kurz und technisch einfach, die alpinen Eindrücke umso intensiver: Nach dem langen Zugang von Kampl bei Neustift durch das Pinnistal zur Pinnisalm (1½ – 2 Std., auch Hüttentaxi) zweigt man alsbald links auf den Jubiläumssteig ab: Von unten kann man sich den Durchstieg durch diese riesige Felsflanke kaum vorstellen (3½ Std.). Übergang zur Wegteilung westlich unter der Hammerspitze (siehe Tour 11) und Abstieg auf dem ebenfalls gesicherten Rohrauersteig zur Issenangeralm (3 Std., nach Kampl 1 Std.).

Elfermassiv Zwei landschaftlich sehr eindrucksvolle Klettersteige im Grenzbereich zwischen »schwierig« und »sehr schwierig« erschließen die markante »Dolomitruine« über Neustift: die Ferrata durch die senkrechte Nordwand des Elferturms (Zugang von der Seilbahnstation 1½ Std., Aufstieg 30 Min.) und der Eisenweg über das massige, mit vielen Türmen geschmückte Massiv des Elferkofels (2505 m, 1½ Std.). Zugang und Abstieg wie bei Tour 18.

Nürnberger Hütte Kurz, aber schön: Auch das Schutzhaus unter dem Wilden Freiger besitzt nun einen schwierigen Eisenweg, der auf einen Grat führt. Am besten verbindet man ihn mit einem Abstecher zum Niederl (1 Std., zurück 1 Std.).

Fernau-Klettersteig Die neue, schwierige Ferrata auf den Egesengrat, die mit einer ganzen Parade Kondition fordernder Einzelstellen im kantigen Schiefergestein aufwartet, beginnt gleich oberhalb der Dresdner Hütte (Aufstieg 2 Std., Abstieg 1½ Std.). Oberhalb der Hütte gibt's einen Mini-Übungsklettersteig, unterhalb davon führt eine Stahlseil-Hängebrücke über die Schlucht des Fernaubachs.

Klettersteige um die Franz-Senn-Hütte Im Alpeiner Tal entstand ein ganzer »Klettersteigpark«, den folgende Highlights auszeichen: erstens der kurze Sommerwand-Übungsklettersteig im Klettergarten südlich der Hütte (schwierig, inklusive Zustieg 45 Min.), zweitens der sehr schwierige »Edelweiß-Klettersteig«, der nach insgesamt 35 Min. an der Route zum Rinnensee endet, und drittens die spektakuläre Stahlseil-Route durch den »Höllenrachen«, eine verblockte Schlucht des Gletscherbachs, über den man sich zuletzt hinüberhangeln muss (15 Min. Zu- und 15 Min. Durchstieg, sehr schwierig).

Große Ochsenwand, 2700 m Im Südwesten der Kalkkögel lockt das Nonplusultra der Stubaier Ferrata-Freuden, der lange und sehr schwierige Schlicker Klettersteig auf die Große Ochsenwand (2700 m) hoch über Fulpmes. Zugang am besten von der Bergstation der Kreuzjochbahn (1 Std.). Nach einer leicht überhängenden Einstiegspassage zieht die etwa 500 m lange, gut gesicherte Route in anhaltender Ausgesetztheit auf die Südostschulter (3 Std.). Abstieg auf dem etwas leichteren Nordgrat-Klettersteig (3 Std. zur Mittelstation Froneben). Stellenweise noch schwieriger, aber viel kürzer ist der Übungsklettersteig am Kreuzjoch im Nahbereich der Seilbahn-Bergstation (alles in allem 1½ Std.).

Östliche Kalkkögel Der »Lustige-Bergler-Steig«, eine gesicherte Route ohne große technische Schwierigkeiten, führt über den Ampferstein auf die 2620 m hohe Marchreisenspitze (ab Axamer Lizum über das Halsl 3 Std.). Auch der anschließende, etwas verschlungene Gsallersteig über die Malgrubenscharte auf die Hochtennspitze (2549 m) weist Sicherungen auf (Rundtour mit Rückweg durch das Lizumer Kar 6 – 8 Std.).

Roßkogel, 2649 m – Weißstein, 2641 m Der Grat zwischen den beiden Gipfeln hoch über dem Sellraintal wurde mit Stahlseilen gesichert – ein exklusives Vergnügen im mittleren Schwierigkeitsbereich, das man sich durch einen extrasteilen Aufstieg verdienen muss (von Gries im Sellrain auf dem Bergrettungssteig 4 Std., Abstieg 3 Std.).

Ferrata-Feeling an der Ochsenwand (Kalkkögel).

Um Ihnen die Auswahl der Touren zu erleichtern, finden Sie die Nummern der Routen in einem farbigen Dreieck, das Auskunft über die zu erwartenden Anforderungen gibt:

▼ BLAU

Einfache Wanderungen auf Forststraßen und problemlosen, meist gut markierten Wegen, die jedoch durchaus kurze steile Anstiege aufweisen können. Sie sind selbst bei Schlechtwetter relativ gefahrlos zu begehen und empfehlen sich auch für Kinder.

▼ ROT

Diese Routen führen in anspruchsvolleres und alpines Gelände; sie sind stellenweise schmal und steil. Kurze Abschnitte können ausgesetzt bzw. gesichert sein – da und dort ist schon die Zuhilfenahme der Hände notwendig. Deshalb sollten »rote« Touren nur von trittsicheren und schwindelfreien Bergwandereren begangen werden. Mitunter verlaufen »rote« Routen auf schlecht oder gar nicht markierten Routen, die schon ein wenig Orientierungssinn erfordern.

▼ SCHWARZ

Hier handelt es sich um lange und anspruchsvolle Bergtouren in abgeschiedenes, felsiges und hochalpines Gelände. Die Steige sind häufig schmal, weisen sehr steile Passagen auf und können ausgesetzt bzw. gesichert sein. An der oberen Grenze dieser Tourenkategorie liegen kurze Abschnitte im I. Schwierigkeitsgrad. »Schwarze« Routen sollten daher nur trittsichere, absolut schwindelfreie, konditionsstarke und alpin erfahrene BergsteigerInnen bei guten Wetter- und Schneeverhältnissen gehen.

Die Begriffe »rechts« und »links« beziehen sich immer auf die angegebene Gehrichtung. Diese wurde meist so gewählt, dass die schwierigsten Passagen stets im Aufstieg zu bewältigen sind – aber natürlich können Sie die Touren auch umgekehrt gehen.

Ausrüstung

Für alle »roten« und »schwarzen« Touren benötigen Sie feste Wander- bzw. Bergschuhe mit Gummiprofilsohle und hohem, stabilem Schaft (Knöchelschutz). Empfehlenswert ist die Kleidung nach dem Mehrschichten- oder «Zwiebel«-Prinzip: lange Hose (dazu Shorts für heiße und Überhose für nasse Tage), Shirt oder Hemd, Pullover sowie einen regen- und winddichten Anorak – alles am besten aus Schweiß ableitendem und at-

Alpines Notsignal

Innerhalb einer Minute sechsmal (also alle zehn Sekunden) ein sicht- oder hörbares Zeichen geben (Rufen, Pfeifen, Blinken mit Spiegel oder Taschenlampe...), eine Minute Pause und dann wiederholen. Die Antwort erfolgt mit dreimaliger Zeichengebung in der Minute.

Alpiner Notruf: Telefonnummer **140**.
Unfallmeldung: Was ist geschehen (Art des Unfalls, Zahl der Verletzten)? Wann passierte das Unglück? Wo geschah der Unfall, wo sind die Verletzten? Wer ist verletzt, wer macht Meldung? Wetter im Unfallgebiet? (Sichtweite)

Ilmspitze und Tribulaun vom Elfer.

mungsaktivem Material. Was noch in den Rucksack gehört: Ersatzwäsche, Sonnenbrille, Kappe, Haube und Handschuhe, Alu-Rettungsdecke, Biwaksack, Verbandszeug, Taschenmesser, Handy, Trillerpfeife fürs alpine Notsignal, Lippenschutz und Sonnencreme mit hohem Schutzfaktor, etwas Proviant (nichts Fettes, das braucht viel Sauerstoff zum Verbrennen), etwas Obst, Müsliriegel und – vor allem im Kalkgebirge wichtig – eine volle Trinkflasche (mindestens 1, besser 1,5 Liter). Hilfreich sind eine Stirnlampe und Teleskopstöcke. Hochalpine Routen sind im Frühsommer oft nur mit Pickel, Steigeisen und Seilsicherung begehbar.

Gefahren im Gebirge

Beobachten Sie unterwegs immer das Wetter. Ein Wettersturz ist auch im wärmsten Hochsommer möglich – wenn es im steilen Gelände rutschig wird, dann erhöhen sich Schwierigkeiten und Gefahren einer Tour enorm. Bei anrückenden Gewittern heißt es: rechtzeitig weg von Gipfeln, Graten und Eisensicherungen. Im hochalpinen Gelände wird die Orientierung bei Nebel oder Schneefall (der die Farbmarkierungen am Boden rasch zudeckt) schwierig bis unmöglich. Sollten Sie die Orientierung verlieren: Ruhe bewahren und zurück zum letzten markierten Punkt. Im Hochgebirge ermöglicht GPS eine sehr sichere Navigation.

Die Querung von hohen, steilen Schneefeldern und Eisrinnen bedeutet stets Lebensgefahr. Im Felsbereich ist immer Steinschlag möglich – vor allem, wenn vorausgehende Zeitgenossen nicht »sauber« gehen. Auch blindes Vertrauen in Sicherungen kann fatal enden: Prüfen Sie immer, ob Stahlseile und Trittstifte auch wirklich fest verankert sind. Gehen Sie möglichst nicht allein ins Gebirge. Geben Sie Ihr Tourenziel Angehörigen bzw. Ihren Quartiergebern bekannt und tragen Sie sich in die Hüttenbücher ein. Leichtsinn und Selbstüberschätzung führen immer wieder zu Unfällen, die sich mit einer soliden Alpin-Ausbildung (z.B. in Bergsteigerschulen), einer guten Tourenvorbereitung und – wenns drauf ankommt – mit dem Mut zur Umkehr (oder zu einer einfacheren Wanderung) vermeiden lassen.

Schwierige Touren unternehmen Sie am besten mit einem geprüften Bergsportführer.

Infos: Tel. ++43(0)5254/2340
www.bergfuehrer.at/tirol

Ins Obernbergtal

Von der Autobahn zur Alm

Ausgangspunkt: Grieß am Brenner, 1164 m. Rückfahrt von Obernberg per Bus.
Charakter: Einfache und landschaftlich überaus lohnende Wanderung auf Güterwegen, Forststraßen und problemlosen, aber stellenweise schmalen Wald- und Wiesenpfaden. Besonders schön im Frühsommer und im Spätherbst.
Gehzeit: 3½–4 Std.

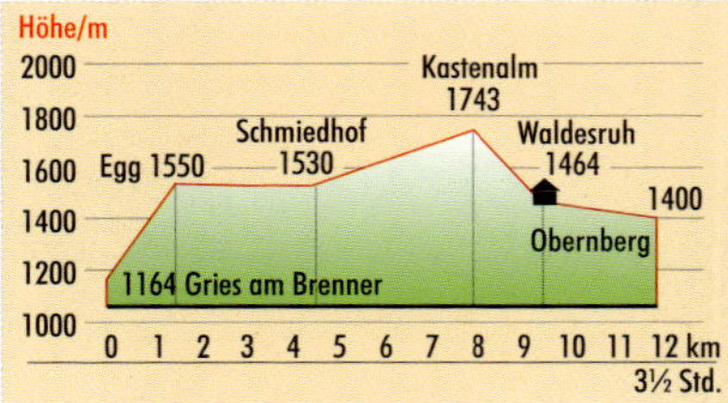

Einkehr: Gasthöfe in Obernberg.
Karte: KOMPASS Nr. 83.

Die Nikolauskirche von Obernberg – spätbarock mit geschwungenem Turmhelm, der vor der mächtigen Kulisse der Schwarzen Wand zwischen einigen Lärchen hervorblinzelt – gehört zu dem meistfotografierten Motiven Tirols. Grund genug, dieses Ziel auch einmal per pedes anzusteuern: Wir starten beim Gemeindehaus in **Gries** und gehen an der Volksschule vorbei, rechts über die **Holzbrücke** und dann links zur **Bäckerei** (Dorfcafé). Davor rechts nach dem Wegweiser »St. Jakob – Schmiedhof – Obernberg« hinauf. Auf der steilen Schotterstraße über den Wiesenhang zur **Autobahn,** unter der Brücke durch und oberhalb der Tankstelle vorbei. Bei einem Bauernhof erreicht man die Nösslacher Straße, auf der man rechts zur uralten **Kirche St. Jakob** geht – an diesem an sich idyllischen Platz wird man gnadenlos mit der Problematik des Transitverkehrs

Blick zum Olperer in den Zillertaler Alpen.

konfrontiert. Beim Jakobshof unterhalb der Kirche links auf den Güterweg Richtung »Eggerjoch, Paulerhof, Kracherbauer« abzweigen. Kurz danach rechts den beschilderten Waldweg hinauf, bald nach links und über eine Wiese (Zaunüberstieg) zur Asphaltfahrbahn. Auf dieser rechts aufwärts und über eine Linkskehre zum **Kracherhof.** Etwas abwärts und an einigen Bauernhäusern vorbei zum **Paulerhof.** Links nach dem Wegweiser »Leite, Schmiedhof« über die Wiese und auf einem schmalen Pfad durch Lärchenwald zum Wetterkreuz. Nach einem Zaunüberstieg durch die Mähwiesen (Markierungspfähle im Boden) zu einer Heuhütte und auf einem breiteren Weg weiter: Hier lohnt es sich zu rasten, denn der Blick in den Talschluss um den Obernberger Tribulaun verleitet zum Träumen. Im sanften Abstieg zum **Schmiedhof,** unterhalb davon rechts auf die Forststraße abbiegen (Beschilderung »Kastenalm 99 A«) und in Kehren zum Waldrand hinauf. Links zu einer Abzweigung, geradeaus (»Lärchenwiesenweg – Obernberg«) über den Bach und sanft abwärts. Über den Moserbach, zwei Kehren hinauf und dann 1,5 km im sanften Anstieg quer durch den Waldhang und über Lichtungen zur **Kastnerbergalm.** Auf der links abbiegenden Forststraße in mehreren Kehren ins hintere **Obernberger Tal** hinab. Links auf der Asphaltstraße zum Waldbauern und zum **Gasthof Waldesruh** (Bushaltestelle). Auf dem Wanderweg 95 A zum nahen Seebach und in den Ortsteil Eben. Auf dem Talweg neben dem Bach weiter, hinter der **Kirche von Obernberg** und an einer **Mühle** vorbei, bis vor einem großen Haus (Kreuz) links ein Pfad zum **Alpengasthof Spörr** führt (Bushaltestelle)

2

Sattelberg, 2115 m

Über den Quellen des Eisack

Ausgangspunkt: Vinaders, 1269 m (Bushaltestelle; Parkplatz oberhalb der Kirche).
Charakter: Einfache Bergwanderung auf Forststraßen und guten Bergsteigen. Reisepass mitnehmen!
Gehzeit: Zur Sattelbergalm 1–1½ Std., auf den Sattelberg 1½ Std., Abstieg 2 Std.
Einkehr: Sattelbergalm.

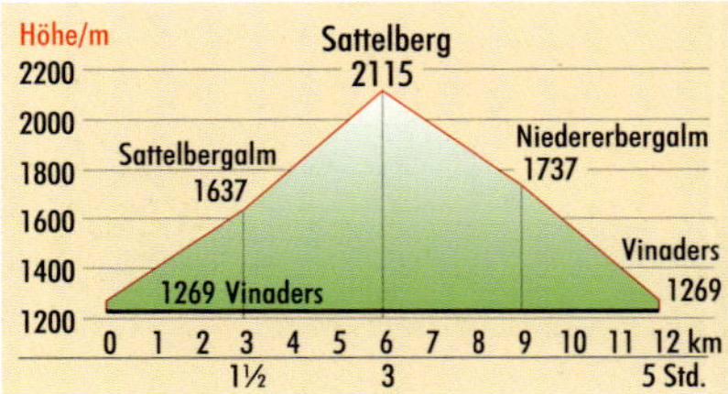

Karte: KOMPASS Nr. 83.

Direkt über dem Brenner erhebt sich der östlichste Gipfel der Stubaier Alpen: Der runde Sattelberg lockt im Winter mit zwei Liften und genießt bei Mountainbikern einen guten Ruf. Natürlich schätzen auch die Wanderer die herrliche Rundsicht, die sich unter seinem neuen Gipfelkreuz bietet – sie reicht vom Karwendel über

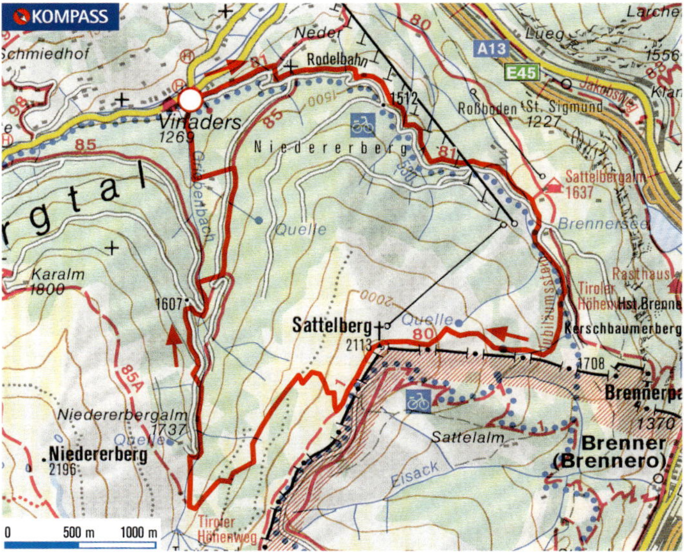

Den Sattelberg krönt ein neues Kreuz.

den Olperer bis zum Habicht.
Wir gehen rechts der Kirche in **Vinaders** auf der Asphaltstraße in den Wald hinauf. Bei der ersten Abzweigung rechts auf die Forststraße abbiegen (Wegweiser »Sattelbergalm«), bei den folgenden Wegteilungen jeweils geradeaus und zur **Sesselliftstation** bei der **Sattelbergalm.** Gerade nach der Beschilderung »Zum Sattelberg« weiter, kurz darauf jedoch rechts nach dem Wegweiser »Zunterlochweg, Sattelberg« in ein kleines Tal. Bei der folgenden Abzweigung rechts Richtung »Sattelberg« abzweigen und auf dem breiten, stellenweise steilen Wanderweg zur Staatsgrenze hinauf. Rechts davon in freies Almgelände, bis links ein markierter Pfad abzweigt: Auf diesem durch den Hang, an einem Gatterl vorbei und zum Gipfelkreuz auf dem **Sattelberg.**
Abstieg auf dem breiten Südwestrücken in eine flache **Senke,** die auch die aus der Zwischenkriegszeit stammende Militärstraße berührt.
Achtung: Hier zweigt rechts ein schmaler Steig ab, der durch den Hang hinabführt und sich dann links zwischen Latschen in den Kessel der **»Tausenbrunnen«** wendet. Im Talgrund rechts zur **Niedererbergalm** und auf der Forststraße neben dem Griebenbach hinab. Nach ca. 800 m rechts zum Bach hinab und drüben zu einer Forststraße, die links durch den Waldhang hinabführt. Bei der folgenden Abzweigung scharf links zum Bach, über die Brücke und auf einem Weg zum **Ausgangspunkt** hinab.

Obernberger See, 1594 m

Zwei Wasseraugen und eine Wallfahrtskirche

Ausgangspunkt: Gasthof Waldesruh am Ende der Straße durch das Obernberger Tal, 1439 m (Bushaltestelle).
Charakter: Abwechslungsreiche Wanderung auf breiten Wegen und schmalen Steigen. Der Pfad am Westufer des Obernberger Sees ist stellenweise felsig, der Seesteig erfordert Trittsicherheit.
Gehzeit: Zum Obernberger See 1½ Std., See-Umrundung ¾ Std., Abstieg ½ Std.

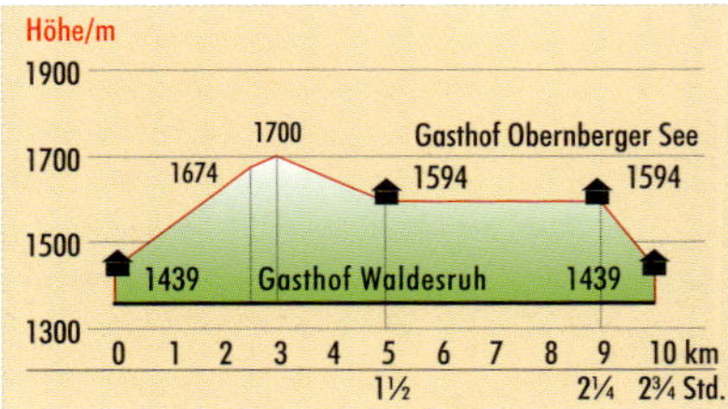

Einkehr: Gasthaus Obernberger See.
Karte: KOMPASS Nr. 83.

Der Obernberger See gehört zu den beliebtesten Ausflugszielen der Region, nicht zuletzt dank der kurzen Anstiegsroute aus dem Talgrund.
Es gibt aber auch eine längere und etwas anspruchsvollere, landschaftlich jedoch ungleich interessantere Zugangsvariante:
Wir wandern von der Bushaltestelle vor dem **Gasthof Waldesruh** auf der rechten Asphaltstraße

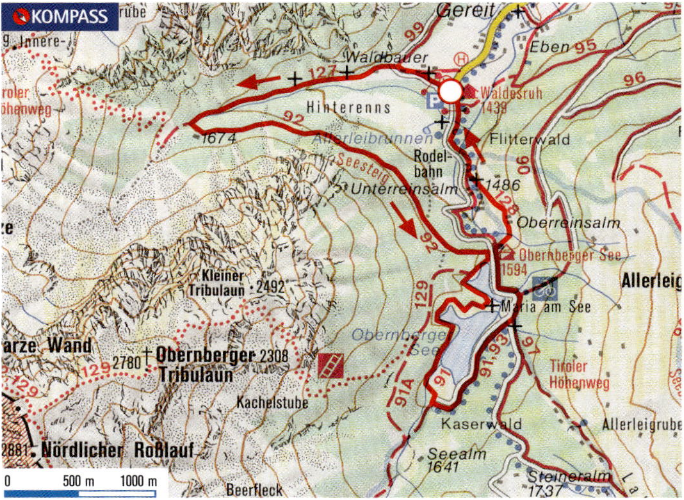

Eine Brücke führt zur Seekapelle.

nach der Beschilderung »Seesteig, Gstreinjöchl« (Nr. 127) taleinwärts und am **Waldbauern** vorbei. Wo die Forststraße rechts abbiegt, links auf dem Fahrweg zur Hinterennskapelle. Über eine Schutthalde und neben dem Bach ins **Hinterennskar,** den felsigen Talschluss unter der Schwarzen Wand. Dort zweigen wir links auf den beschilderten **Seesteig** ab, steigen durch die Abhänge des Obernberger Tribulauns an und queren dabei steile Schutthalden hoch über dem Tal. Im Wald erreicht man die Kehre einer Forststraße: Auf dieser kurz nach links, dann auf dem rechts abzweigenden Steig zum nahen **Gasthof** am **Obernberger See,** der natürlich zur Umrundung verleitet: Am Ostufer besteht eine Forststraße, am steileren und mit einigen Buchten gegliederten Westufer wandert man auf einem schmalen Fels- und Wiesensteig. Erst wenn der Turm der kleinen **Seekapelle** (Maria am See) zwischen den Fichten auftaucht, entdeckt man, dass der See aus zwei Wasserbecken besteht – nur beim höchsten Wasserstand zur Zeit der Schneeschmelze kommt man mit dem Leih-Ruderboot unter der Brücke zur Kirche durch.

Für den Abstieg wählen wir den Wanderweg vom **Gasthof** nach rechts zur alten **Oberreinsalm,** die einst ein ganzjährig bewohnter Bauernhof war. Durch die Wiesen (auf dem Weg bleiben!) wieder zur Forststraße hinab und über zwei Brücken zum **Ausgangspunkt** zurück.

4

Grubenkopf, 2307 m – Hoher Lorenzen, 2315 m

Über den Grenzkamm zum Seeblickweg

Ausgangspunkt: Gasthof Waldesruh am Ende der Straße durch das Obernberger Tal, 1439 m (Bushaltestelle).
Charakter: Abwechslungsreiche Panoramawanderung auf Forststraßen, breiten Almwegen und einem Gratsteig (zwei kurze ausgesetzte Stellen).
Gehzeit: Zum Obernberger See ¾ Std., auf den Grubenkopf 2 Std., zum Hohen Lorenzen 1 Std., Abstieg 2 Std.

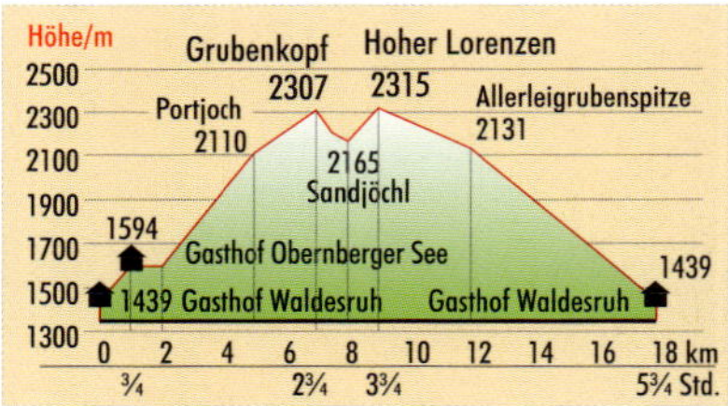

Einkehr: Gasthaus Obernberger See.
Karte: KOMPASS Nr. 83.

Diese Kammwanderung führt im »Hinterland« des Obernberger Sees nicht nur durch eine prachtvolle Flora, sondern gewährt auch fantastische Ausblicke, u. a. ins Pflerschtal und bis zu den Dolomiten.
Vom Parkplatz beim **Gasthof Waldesruh** gehen wir nach der Beschilderung »Obernberger See« durch den Wald. Danach links auf den Wanderweg abzweigen, an der alten **Oberreinsalm** vorbei und zum **Gasthof** am **Obernberger See** hinauf. Auf dem Fahrweg zum südlichen Ende des Sees. Dahinter auf die rechte Straße abzwei-

Auf dem Grat zum Grubenkopf.

gen, zu einer **Hütte** und dort links durch den Wald zur Wiese der **Seealm.** Geradeaus Richtung »Portjoch«, auf Pfadspuren wieder in den Wald und in Serpentinen auf einen Almboden (»Portissen«). Bei der folgenden Abzweigung geradeaus und steiler ins **Portjoch.** Nach links, auf dem alten Militärweg um eine Kuppe herum (Tiefblick ins Pflerschtal) und an einem Bunker vorbei. Aus der Scharte links auf den sehr steilen Graskamm, der zum nächsten Gratkopf emporzieht.
Von dort über den breiten Rücken zum Gipfelkreuz auf dem **Grubenkopf.** Nach Osten zum Vorgipfel, steiler ins **Grubenjoch** hinab und weiter auf dem markierten Pfad, der links durch den Geierskragen-Nordhang führt, zu einem Rücken und ins **Sandjöchl** (Sender) hinab. Hierher gelangt man auch auf dem alten Militärweg, der sich durch die steilen Südhänge des Grenzkammes schlängelt. Vom Sandjöchl über den Kamm ansteigend zum großen Gipfelkreuz auf dem **Hohen Lorenzen.**
Nun nach links und über den stellenweise felsigen Nordgrat in eine Scharte, in der man einen quer verlaufenden Steig erreicht. Geradeaus auf dem zu Recht so benannten »Seeblickweg« über eine Kuppe und rechts unter dem Kreuz auf einer kleinen, felsigen Kuppe vorbei zur **Allerleigrubenspitze**. Schließlich steigen wir rechts des breiten Rückens – vorbei an einigen Lacken – zur Waldgrenze ab. Scharf links zu einer Forststraße, die in weiten Kehren ins Obernbergtal hinunterführt. Bei der dritten Straßenteilung auf 1560 m Höhe nach links (Nr. 95), bei der nächsten Abzweigung rechts in den Weiler **Eben** hinab. Dort nach links, über den Bach und auf dem beschilderten »Wiesenweg« (95 a) zum **Ausgangspunkt** zurück.

Ins Gschnitztal

Auf den Spuren der Eiszeitgletscher

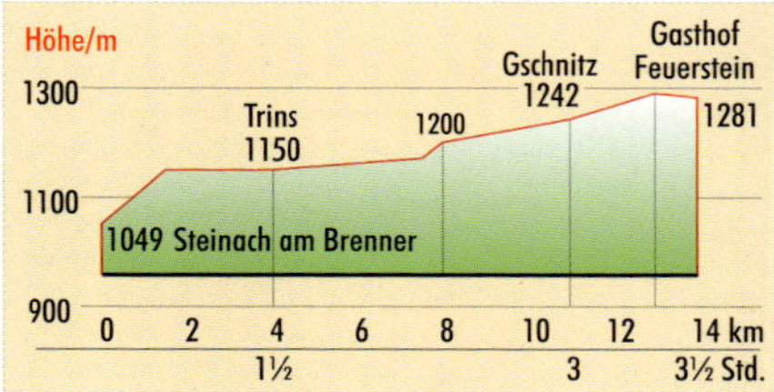

Ausgangspunkt: Steinach am Brenner, 1049 m. Rückfahrt vom Gasthof Feuerstein per Bus.
Charakter: Einfache und landschaftlich sehr schöne Talwanderung auf asphaltierten Güterwegen, Forststraßen und Wanderpfaden. Die ca. 14 km lange Strecke kann natürlich auch in Teiletappen begangen werden.
Gehzeit: Nach Trins 1½ Std., nach Gschnitz 1½ Std., nach Obertal ½ Std.
Einkehr: Gasthöfe in den Orten, Jausenstation Pumafalle, Gasthof Feuerstein.
Karte: KOMPASS Nr. 83.

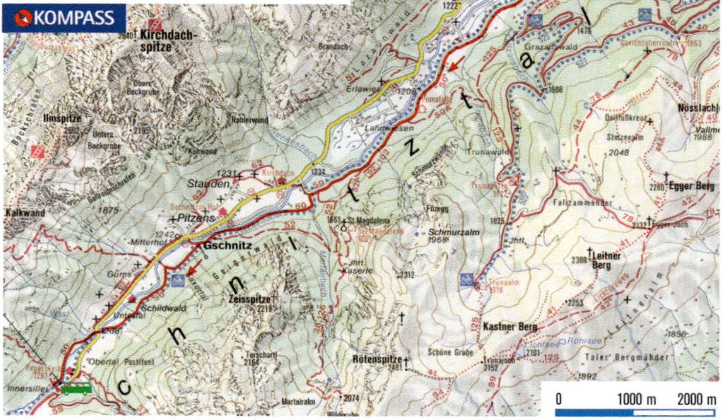

Ein breiter Talboden, links und rechts schroffe Dolomitflanken und dahinter die vergletscherten Feuersteine – das erwartet Sie, wenn Sie den Weg neben dem Gschnitzbach unter die Wanderschuhe nehmen. Unterhalb von Trins fallen wallartige Hügel auf – das sind die Moränen des letzten Eiszeitgletschers, der bei seinem Rückzug kurzzeitig nochmals vorstieß und dabei das mitgeführte Schuttmaterial ablagerte. Folgen Sie am Platzl im **Ortszen-**

trum von **Steinach** dem Schild »Berglifte« – erst auf dem Huebenweg, dann links auf dem Zirmweg. Bei der Villa Alpenrose rechts abbiegen, an einigen Häusern vorbei und rechts auf dem Waldweg Richtung »Bergeralm« oberhalb der **Seilbahnstation** vorbei. Unter der **Autobahnbrücke** auf dem rechten (unteren) Pfad über die Skipiste zur Rodelbahn, auf der man links in Kehren

ansteigt. Bei der folgenden Abzweigung rechts Richtung »Trins« hinab, kurz darauf links auf dem alten Forstweg zum **Herrenwasserl** (gemauertes Wasserbecken) und zu einer Kreuzung. Geradeaus auf dem beschilderten »Waldweg **Trins** – Gschnitz« taleinwärts. Nach ca. 2 km beginnt der Asphaltbelag. Über die Brücke und rechts nach Trins hinauf.

Vor dem Gemeindehaus links (Beschilderung »Wiesen- und Waldweg nach Gschnitz«) zur Brücke über den Gschnitzbach hinab. Jenseits rechts zur barocken **Annakapelle,** am **Liftstüberl** und auf der ebenen Asphaltstraße ca. 2,5 km zur **Jausenstation Pumafalle.** Weiter auf der Schotterstraße, ab der Kneippanlage **»Muaterloh-Quelle«** kurz aufwärts und bei der folgenden Wegteilung geradeaus (Furt). Vorbei an den Abzweigungen nach St. Magdalena und über eine Brücke, dann links Richtung »Ortsmitte, Ortsende« aufwärts, um eine Wiese herum und auf schmalem Steig neben dem Gschnitzbach zu einem Steg. Weiter zum Beginn eines Fahrweges, der rechts nach **Gschnitz** führt.

Der Talweg Nr. 50 zieht dagegen links (Wegweiser »Ortsende«) durch den Schildwald in den Ortsteil **Untertal.** Rechts über den Gschnitzbach, links abzweigen und taleinwärts, bis links eine weitere Brücke zur Materialseilbahn zur Innsbrucker Hütte führt. Links zum nahen **Gasthof Feuerstein** (Bushaltestelle).

Der Frühling zieht ins Gschnitztal ein.

Lichtsee – Rötenspitze, 2481 m

Wasserzauber im Verborgenen

Ausgangspunkt: Bushaltestelle »Magdalenahof« zwischen Trins und Gschnitz, 1220 m.
Charakter: Einfache Bergwanderung auf Forststraßen und guten Bergsteigen.
Gehzeit: Zur Trunahütte 2 Std., zum Lichtsee 1½ Std., auf die Rötenspitze 1 Std., Abstieg 2½ Std.
Einkehr: Trunahütte.
Karte: KOMPASS Nr. 83.

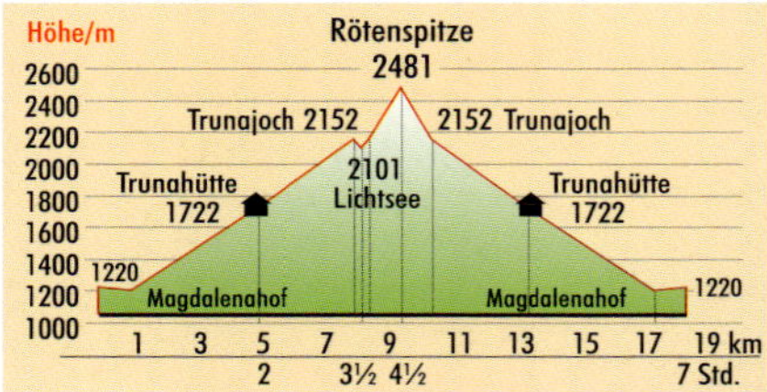

Von Süden zum Lichtsee

Auch aus dem Obernbergtal führt ein schöner Weg zum Lichtsee: Er beginnt beim Erbhof Mader nahe dem Gasthof Spörr (Bushaltestelle) und zieht durch duftige Lärchenhaine in die Almregion empor (2 Std.). Abstieg von der nahen Hütte links auf dem Pfad Nr. 99 zur Kastnerbergalm; etwas unterhalb davon zweigt der Steig ins Tal links von der Forststraße ab. Unten auf der Straße kurz talaus, nach einer Brücke rechts auf einem Feldweg zum Seebach und neben diesem – hinter der Kirche und an einer Mühle vorbei – zum Gasthof Spörr.

Zwischen dem Nösslachjoch und der Tribulaungruppe liegt ein stilles Almrevier, zu dem auch der zauberhafte Lichtsee gehört. Ein abwechslungsreicher Zustieg dorthin beginnt zwischen der Bushalte-

Ganz schön erfrischend: der Lichtsee.

stelle und der Asphaltzufahrt zum **Magdalenahof,** wo ein unmarkierter Fahrweg von der Hauptstraße zum Talboden hinabführt. Unten links zur Brücke über den **Gschnitzbach** und dann rechts auf der Forststraße zur Kneippanlage **»Muaterloh-Quelle«.**

Links nach dem Wegweiser »Truna-Wasserfall« hinauf, links zum nahen Ende der Fahrbahn und auf einem flachen Waldsteig zu einem alten Forstweg, auf dem man im sanften Anstieg zu einer Abzweigung gelangt: Rechts Richtung »Truna-Wasserfall« aufwärts und nach einer Kehre geradeaus zum Steg beim **Truna-Wasserfall.** Auf einem Felsenpfad zum Steig Nr. 125, auf dem man rechts (»Trunahütte«) durch den Trunawald ansteigt und bald eine Schotterstraße überquert. Weiter zur nächsten Forststraße, die rechts zur **Trunahütte** führt.

Nun folgen wir dem Fahrweg bis zur unbewirtschafteten Truna Alm. Von dort führt der Pfad Nr. 125 durch eine Mulde ins nahe Trunatörl hinauf. Hinter dem Gatterl links zu einem Zaun-Überstieg und zum nahen Lichtsee, der unterhalb einer kleinen Hütte glitzert.

Wer die **Rötenspitze** ersteigen möchte, zweigt beim Törl rechts ab: Oberhalb der »Schönen Grube« und über den ansteigenden Rücken gelangt man zu einer Wegteilung, von der man rechts (Nr. 41) zum Gipfelkreuz gelangt. Der Abstieg erfolgt auf der gleichen Route.

7

St. Magdalena, 1661 m

Der Bergheiligtum über dem Gschnitztal

Ausgangspunkt: Gschnitz, 1242 m (Bushaltestelle).
Charakter: Interessante Wanderung auf guten Waldpfaden (im oberen Bereich kurz etwas ausgesetzt).
Gehzeit: Aufstieg 1½ Std., Abstieg 1½ Std.
Einkehr: Jausenstation St. Magdalena.

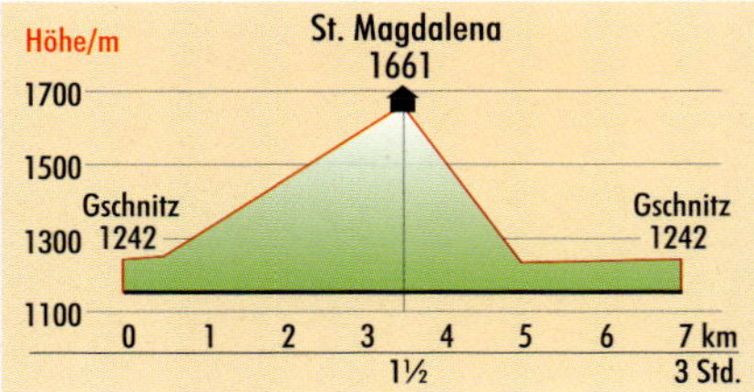

Karte: KOMPASS Nr. 83.

Lange schweift der Blick über die schütter bewaldeten Felsen über der Mündung des Martairtals, bis das Seil der Materialseilbahn den Standort eines seltsamen Heiligtums andeutet: Auf einer winzigen Verebnung mitten in der steilen Bergflanke steht ein gotisches Wallfahrtskirchlein, das bemerkenswerte Fresken birgt. Die Felswanne unter dem Altar war wahrscheinlich schon vor Jahrtausenden ein Kultplatz. Ob unsere Vorfahren der spektakuläre Tiefblick ins Tal und die Sicht zur gegenüber aufragenden Kirchdachspitze auch so begeistert hat?

Wir gehen von der Kirche in **Gschnitz** kurz talaus, dann rechts über die Brücke und auf dem Fahrweg links der Wiese entlang. Am Waldrand beginnt der beschilderte Wanderweg 126/52 B nach St. Magdalena, der im stetigen Anstieg durch den steilen Geigerwald in den **Martairgraben** führt. Nach der Überquerung des Baches erreicht man eine Wegteilung: Scharf rechts hinauf, kurz darauf links abzweigen und auf einem schmalen Steig durch den sehr steilen Hang zur **Wallfahrtskirche St. Magdalena** hinauf. Bodenständige Stärkung gibt's bei den freundlichen Wirtsleuten in der angebauten Jausenstation, und auf der kleinen Wiese hinter der Kirche rupfen die Ziegen Gras.

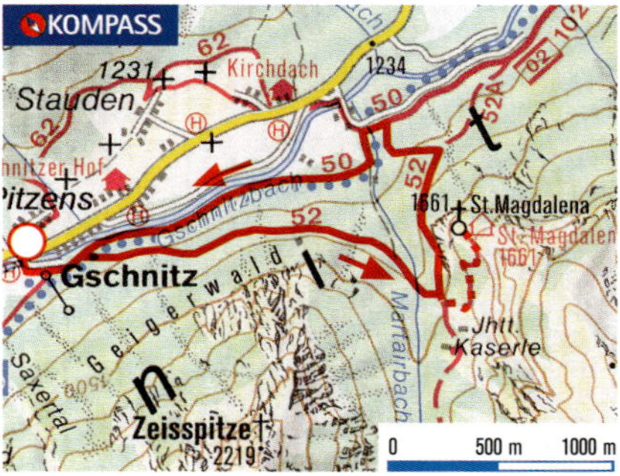

Das Kirchlein St. Magdalena hoch über Gschnitz.

Abstieg auf der gleichen Route. Bei der unteren der beiden Wegteilungen jedoch geradeaus abwärts durch den Waldhang abwärts (Markierung 52) und unter der **Materialseilbahn** durch. Bei der folgenden Abzweigung links hinab. Im Tal erreicht man eine Forststraße, auf der man links über den **Martairbach** geht. Wie bei Tour 5 nach **Gschnitz** zurück.

Das Gschnitztal ist bis heute sehr ursprünglich geblieben.

Tribulaunhütte, 2064 m

Audienz bei den Tribulaunen

Ausgangspunkt: Parkplatz beim Gasthof Feuerstein, 1281 m. Zufahrt von Gschnitz (Bushaltestelle).
Charakter: Einfache Hüttenwanderung auf einem guten, aber stellenweise steilen Steig (eine kurze Passage vor der Hütte ist ausgesetzt), Abstieg auf einem Fahrweg.
Gehzeit: Aufstieg 2½ Std., Abstieg 1½ Std.

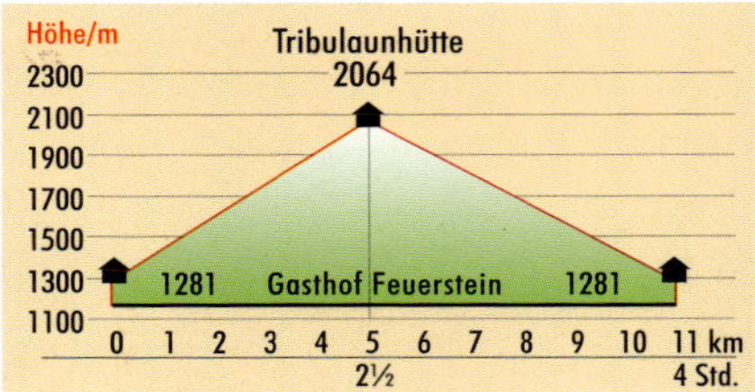

Einkehr: Tribulaunhütte.
Karte: KOMPASS Nr. 83.

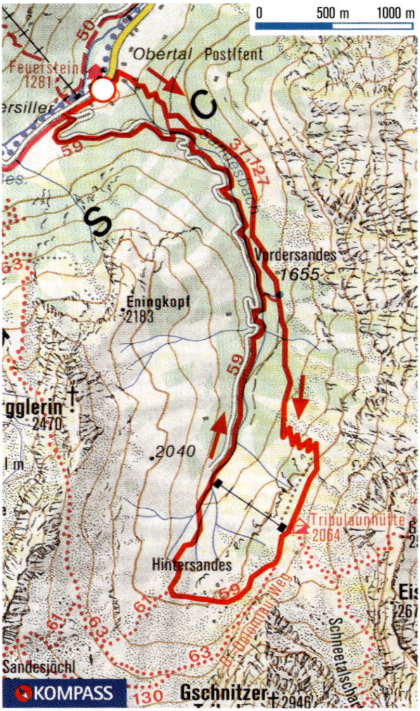

»Die Schaar« nannten die Bauern den gespaltenen Gipfel des Pflerscher Tribulauns. Der höchste und wohl eindrucksvollste der Stubaier Dolomitgipfel, der im 19. Jh. die besten Bergsteiger herausforderte, bildet den Blickfang dieser Wanderung, die bei der Brücke vor dem **Gasthof Feuerstein** beginnt.
Wir folgen dem Weg Nr. 127 neben dem Wasserfall des Sandesbaches ins **Sandestal** hinauf. Dort wird eine Forststraße überquert, dann geht es weiter zur **Vallisseralm** (kleine Hütte) und in den Talschluss. Davor links in vielen Serpentinen durch einen steilen Schutthang hinauf und dann oberhalb von Felsen zur **Tribulaunhütte,** die am Fuß des mächtigen

Der Pflerscher Tribulaun, gesehen von der Garklerin.

Gschnitzer Tribulauns steht. Abstieg auf dem rauen Fahrweg, der im Bogen durch die großen Schuttfelder unter dem Gschnitzer und dem Pflerscher Tribulaun (»Hintersanders«) in den Talgrund hinabführt. Vorbei an der Materialseilbahn und weiter talaus. Nach einigen Kehren gelangt man rechts über eine Brücke zum Aufstiegsweg – oder man wandert auf der Straße ins Gschnitztal und dort rechts zum **Gasthof Feuerstein.**

Garklerin, 2470 m – Gschnitzer Tribulaun, 2946 m

Zwei anspruchsvolle Gipfel lassen sich von der Hütte aus ersteigen: Zur Garklerin, einer aussichtsreichen »Dolomit-Ruine« nördlich der Tribulaune, gelangt man, wenn man dem Steig Nr. 60 zur italienischen Tribulaunhütte folgt. Unter dem Goldkappl mündet rechts ein markierter Pfad aus dem Tal ein, und kurz darauf schwenken wir rechts auf den Steig Nr. 63 ein. Vom Sattel unter der Garklerin nach rechts, zwischen bizarren Felstürmen und über eine ausgesetzte Schrofenrippe auf den Grat und links zum Gipfelkreuz (1½ Std.). Abstieg wieder zum Sattel und rechts auf einem steilen und ausgesetzten Steig ins Gschnitztal hinab (2 Std.).
Den Gschnitzer Tribulaun erreicht man durch das steile Schuttkar zur westlichen (rechten) Schneetalscharte, in der man rechts abbiegt. Über einen schroffen Wandsockel zum Südostgrat, der zum südseitig geneigten Gipfelhang führt. Zuletzt über eine niedrige Felsstufe auf den höchsten Punkt (2½ Std.). Abstieg auf der gleichen Route (2 Std.).

9

Bremer Hütte

Gourmet-Tour mit Gletscherblick

Ausgangspunkt: Parkplatz beim Gasthof Feuerstein, 1281 m. Zufahrt von Gschnitz (Bushaltestelle).
Charakter: Einfache, aber lange und hochalpine Hüttenwanderung auf breiten Wegen und guten Bergsteigen.
Gehzeit: Aufstieg 3½–4 Std, Abstieg 2½ Std.
Einkehr: Laponesalm, Bremer Hütte.

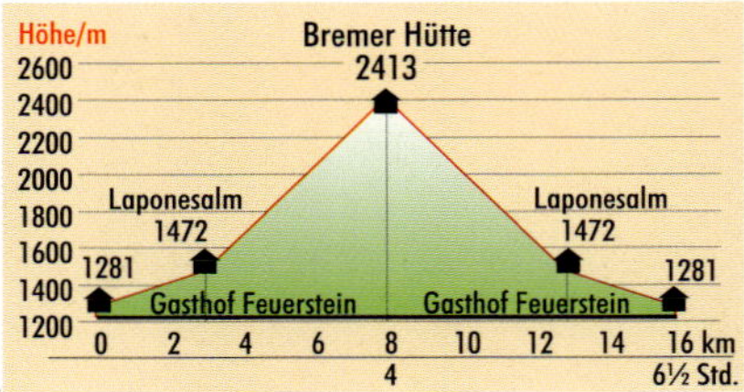

Karte: KOMPASS Nr. 83.

Aperer Feuerstein, 2967 m

Nicht ganz 3000 m hoch – aber ein relativ rasch erreichbares Gipfelziel inmitten einer faszinierenden Gletscherszenerie: Wir folgen dem Zentralalpenweg 02 hoch über dem Hintersimmingtal bis zu einer steilen Felsstufe, über die wir mit Hilfe von Sicherungen ins Simmingtörl aufsteigen. Bei der Zollhütte nach links und auf einem markierten Steig über den Rücken. Uber einige Felsstufen absteigen und zum Aperen Feuersteinferner (See mit Gletschertor). Rechts dem Gletscherrand entlang hinab, dann weglos und mühsam durch den steilen Schutthang auf den felsigen Nordgrat des Aperen Feuersteins. Auf diesem in leichter Kletterei zum Gipfelsteinmann (2 Std.).
Abstieg auf der gleichen Route (1–1½ Std.).

Das feuerrote Gestein der beiden Feuersteine (3245 m und 3268 m hoch), formschöne Berggestalten wie die Innere Wetterspitze und – je nach der Jahreszeit – weiße Firnfelder oder blaugraues Eis: Das sind die Zutaten für eine Tour über dem hinteren Gschnitztal, die selbst verwöhnte Berggour-

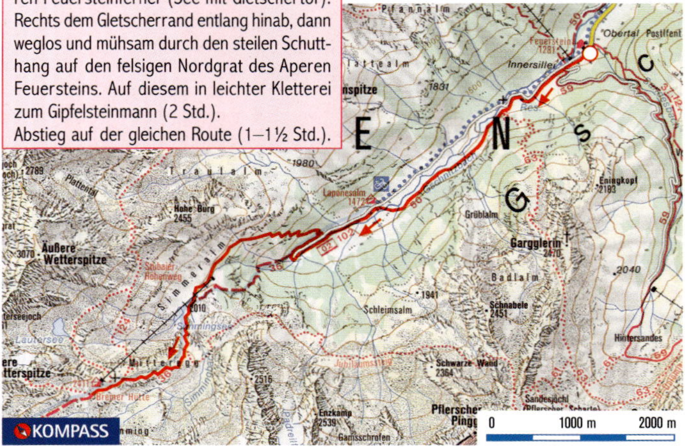

Bei der Bremer Hütte (Bild oben); der Apere Feuerstein (Bild unten).

mets zufrieden stellen wird. Und da man nicht allein von der schönen Landschaft lebt, tendiert auch die Speisekarte der Bremer Hütte gegen Haubenniveau.

Vom Parkplatz beim **Gasthof Feuerstein** wandern wir auf der sanft ansteigenden Asphaltstraße taleinwärts. Vor der Brücke links auf den beschilderten Waldweg einschwenken und neben dem Bach zur **Laponesalm.**

Auf der ansteigenden Schotterstraße ungefähr 1 km in den Talschluss, dann rechts auf dem Wanderweg (Zentralalpenweg 02) durch den steilen, schütter bewaldeten Hang aufwärts und unter der Hohen Burg zum Boden der **Simmingalm** (verlandender See). Wieder steiler ansteigend auf den **Mitteregg-Rücken,** auf dem der Höhenweg von der Tribulaunhütte einmündet. Über den felsigen Höhenzug (Gletscherschliffe) zur **Bremer Hütte** hinauf.

Abstieg auf der gleichen Route.

10

Innsbrucker Hütte – Kalkwand, 2564 m

»Pfeilgerade« ins Reich des Habichts

Ausgangspunkt: Parkplatz beim Gasthof Feuerstein, 1281 m. Zufahrt von Gschnitz (Bushaltestelle).
Charakter: Einfacher, aber langer und sehr steiler Hüttenzustieg – und ein spannender Gipfelabstecher für Schwindelfreie (als leichteres Ziel empfiehlt sich der einfache Weg zum Alfairsee).

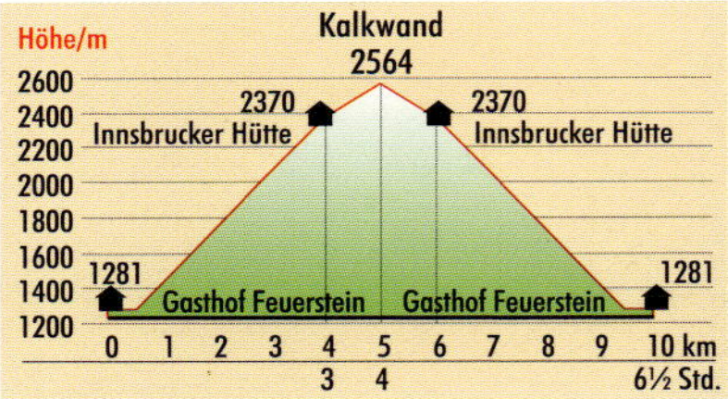

Gehzeit: Zur Innsbrucker Hütte 3 Std., auf die Kalkwand 1 Std. (zum Alfairsee 20 Min).
Einkehr: Innsbrucker Hütte.
Karte: KOMPASS Nr. 83.

Steil, aber voller Überraschungen ist der Weg zur Innsbrucker Hütte, die seit 1884 nahe der Gesteinsgrenze zwischen der hellen Kalkwand und dem dunklem, aus Granit und Schiefergneis aufgebauten Habicht steht. Vom **Gasthof Feuerstein** gehen wir auf der Asphaltstraße zur nahen **Talstation der Materialseilbahn.** Dort rechts Richtung »Innsbrucker Hütte«, über den **Gschnitzbach**

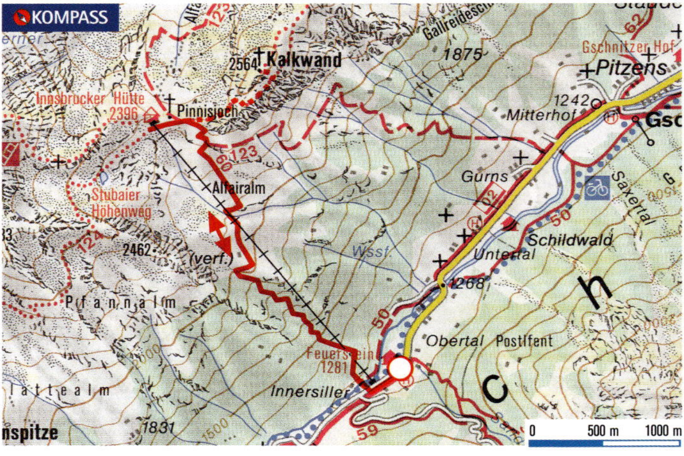

Die Kalkwand, links unter dem Pinnisjoch steht die Hütte

und links zu einem Hof – dahinter zweigt der beschilderte Hüttenzustieg (Nr. 60) rechts ab. Er führt in vielen Serpentinen durch einen steilen Waldgraben zu einer Anhöhe oberhalb der Waldgrenze, im schrägen Anstieg in die Mulde der **Alfairalm** und gegen die Kalkwand empor. Links ins grüne **Pinnisjoch** und in wenigen Minuten zur **Innsbrucker Hütte.**

Vor dem **Pinnisjoch** zweigt der beschilderte Steig zur **Kalkwand** ab: Er führt durch das Schuttkar hoch über dem Pinnistal in eine Scharte zwischen den zerklüfteten Felsen der Kleinen und der Großen Kalkwand. Dahinter etwas abwärts, durch die steile Südostseite (unterhalb Felsabstürze) und durch eine steile Rinne (Stahlseil) empor, dann links abzweigend zum **Gipfelkreuz.** Kürzer und einfacher ist der Abstecher von der Hütte zum kleinen **Alfairsee** (Steig Nr. 124 Richtung Bremer Hütte).

Abstieg auf der gleichen Route.

Habicht, 3277 m (▼)

Der massige, einst »Hager« genannte Berg zwischen dem Gschnitz- und dem Stubaital ist natürlich kein Wanderziel, sondern nur erfahrenen Bergsteigern bei besten Verhältnissen zu empfehlen. Die ausgesetzte Gipfelroute kann selbst im Hochsommer durch Schnee oder Vereisung lebensgefährlich werden; am besten engagiert man einen Bergführer. Man geht über einen Rücken zu einer Felsrippe, über die man mit Hilfe von Sicherungen zur 700 m hohen Steilflanke über dem Pinnistal ansteigt. Links durch diese zum »Köpfl« am Rand des Habichtferners hinauf, das kleine Firnfeld queren und über den oberen Felsaufbau (Sicherungen, ungesicherte Platte) zum Gipfelkreuz (3 Std.). Abstieg auf der gleichen Route (2 Std.). Keinesfalls durch Firnrinnen abfahren, Absturzgefahr!

Padasterjochhaus – Padasterkogel, 2301 m

Dolomitenfeeling über dem Gschnitztal

Ausgangspunkt: Trins, 1235 m (Bushaltestelle).
Charakter: Einfache Bergwanderung auf Forststraßen und guten Bergsteigen.
Gehzeit: Zum Padasterjochhaus 2½ Std., auf den Padasterkogel ½ Std., Abstieg 2½ Std.
Einkehr: Padasterjochhaus.
Karte: KOMPASS Nr. 83.

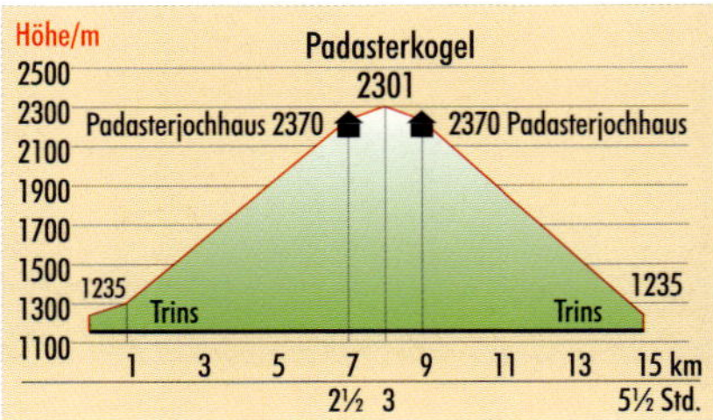

Hoch über Trins, in einem freundlichen Wiesenkessel am Fuß wirklich »kirchdachsteiler« Dolomitgipfel, steht die älteste Naturfreundehütte Tirols. Wir erweitern den kürzesten Zugang mit einer landschaftlich interessanten Schleife, indem wir vom Gemeindehaus in **Trins** kurz auf der Hauptstraße taleinwärts gehen und dann rechts nach dem Wegweiser »Blaser« abzweigen. Bei der folgenden Abzweigung links auf der unteren Straße in den Ortsteil **Bichl** und bald links auf der Schotterstraße zum Finetzbach hinab.

Nach der Brücke rechts zur nächsten Abzweigung und dort rechts (Wegweiser »Sarntheiner Wasserfall«) auf der Schotterstraße – vorbei an zwei Mühlen – zum Waldrand hinauf. Auf dem beschilderten Pfad steil zum **Sarntheiner Wasserfall.** Rechts über den Steg und in den Sattel unter der **Bar-**

Luginsland Padasterjochhütte – im Hintergrund der Olperer.

barakapelle. Scharf nach links und auf dem Almweg zu einer Forststraßenkurve. Geradeaus durch das Gatter (Markierung 122) über die Wiese und eine Furt. Auf dem nächsten Wiesenboden rechts auf einem Traktorweg abbiegen und zur Forststraße hinauf. Links weiter, bis der Steig Nr. 122 abzweigt. Auf diesem in Serpentinen über eine bewaldete und mit Latschen bewachsene Steilstufe (die Fahrbahn wird mehrmals überquert) und die freien Padastermähder zum **Padasterjochhaus.** Auf dem Steig Nr. 122 durch das Kar zur Hammerspitze. Bei der Wegteilung an ihrem Fuß links zum **Padasterjoch** und links über den Kamm zum großen Kreuz auf der **Padasterspitze**. Abstieg auf der gleichen Route; ab der Barbarakapelle jedoch geradeaus nach Trins hinunter.

Hammerspitze, 2634 m – Kirchdachspitze, 2840 m

Die Ersteigung der beiden »größeren Hausberge« erfordert Trittsicherheit und Schwindelfreiheit: Von der Abzweigung unter der Hammerspitze rechts zu einer Scharte hinauf, von dort links auf den Gipfel. Zurück zur Scharte, dann jedoch links in die Nordflanke und zur Einmündung des Rohrauersteiges. Links durch den steilen Westhang der Hammerspitze zu einem Wiesensattel. Rechts auf dem luftigen Kamm der Kirchdachspitze entgegen und über eine ausgesetzte Felsstufe (Sicherungen) zu ihrem Gipfelkreuz (3 Std.). Abstieg auf der gleichen Route bis zum Wiesensattel unter der Hammerspitze, von dort rechts durch den steilen Südhang und an einer Schäferhütte vorbei. Vom Padasterjoch links zur Hütte zurück (1½ Std.)

Blaser, 2241 m

Enzian & Edelweiß

Ausgangspunkt: Trins, 1235 m (Bushaltestelle).
Charakter: Aussichtsreiche Bergwanderung auf guten, aber stellenweise steilen Wegen und Steigen; besonders lohnend zur Blütezeit im Frühsommer.
Gehzeit: Aufstieg 3 Std., Abstieg 2 Std.
Einkehr: Blaserhütte.

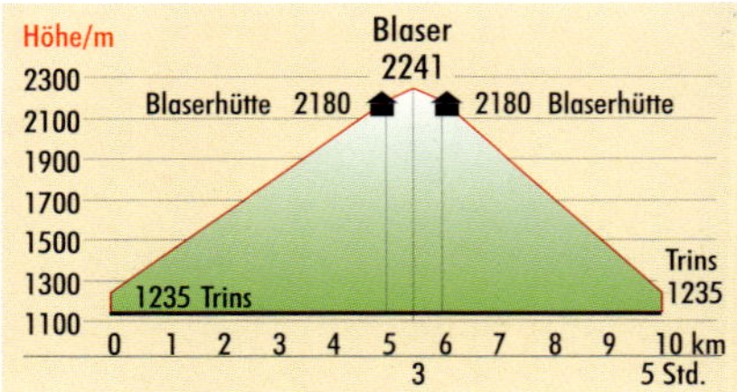

Karte: KOMPASS Nr. 83.

Der Blaser gilt als der Blumenberg Tirols: Im Frühsommer blüht rund um seine Gipfelhütte fast alles, was botanisch Rang und Namen hat. Seinen Namen verdankt er wohl eher dem Föhnwind, der oft über seinen flachen Gipfel faucht.

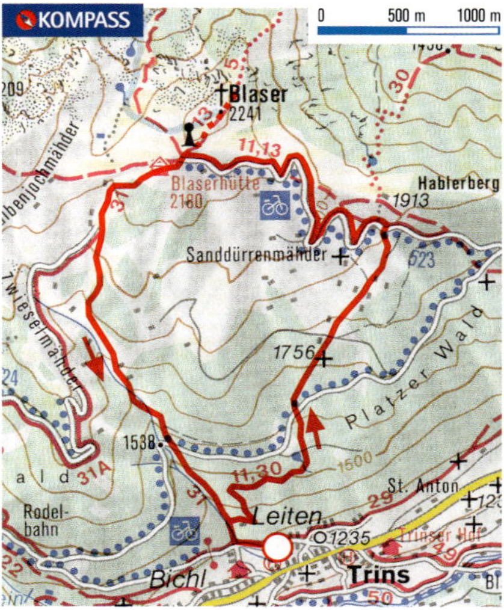

Der Zustieg aus dem Gschnitztal beginnt rechts neben dem Parkplatz im Ortszentrum von Trins, wo eine Treppe zur Kirche hinaufführt. Auf der oberen Straße links durch die Siedlung **Leiten** bis zum Auslauf eines Grabens: Hier rechts nach dem Wegweiser »Blaserhütte« abzweigen, auf dem Steig Nr. 30 etwa 200 m zu einer Quelle hinauf und dort rechts auf einem aufgemauerten Weg (»Hablerberg, Blaser«) in den Wald. In Kehren aufwärts, über eine Lichtung zur Blaser-Forststraße und weiter zur steilen Wiese der **Platzer Mähder.** Vorbei an vielen Heuhütten in den Sattel zwischen dem Blaser und dem Hablerberg. Hier nach links, auf der Almstraße und einem Abkürzungssteig über die Grashänge em-

Serlesblick (oben) und Edelweiß (unten) vor der Blaserhütte.

por und durch eine Mulde zur **Blaserhütte.** Davor rechts zu einem Gedenkstein und über den Rücken zum nahen **Gipfelkreuz.** **Abstieg** auf der gleichen Route.

Als »schnelle« Alternative bietet sich der Steig Nr. 31 (»Trins über Zwieselmahd«) an: Er führt von der Hütte nach Südwesten in ein Wiesental (Fahrweg) und links durch den sehr steilen, nur stellenweise Wasser führenden Graben der **»Schlucht«** zur Blaser-Straße hinunter. Durch das steile Tal weiter zum Aufstiegsweg und links nach **Trins** zurück.

Peilspitze, 2392 m

Eine lohnende »Zugabe«: Von der Hütte auf dem Steig Nr. 13 nach Westen in einen breiten Sattel und durch den Grashang der Kalbenjochmähder zum Kamm der Peilspitze. Zwischen den Lawinenverbauungen und den schroffen Nordabstürzen auf den Gipfel (1 Std.). Abstieg auf der gleichen Route (45 Min.).

13

Serles, 2717 m

Tirols heiliger Berg

Ausgangspunkt: Maria Waldrast, 1638 m. Zufahrt auf der Mautstraße von Matrei am Brenner (Abzweigung in Mühlbachl am nördlichen Ortsrand).
Charakter: Anspruchsvolle Bergtour auf guten, aber schmalen und im Gipfelbereich ausgesetzten Steigen (eine gesicherte Passage).
Gehzeit: Aufstieg 3 Std., Abstieg 2 Std. (über das Kalbenjoch 2½ Std.).

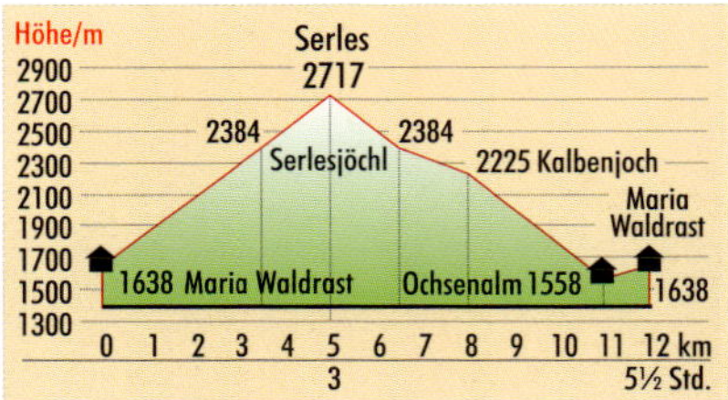

Einkehr: Maria Waldrast, Matreier Ochsenalm.
Karte: KOMPASS Nr. 83.

Als ebenmäßige »Dreifaltigkeit« scharfer Kalkzacken zeigt sich die Serles, wenn man auf der Brennerautobahn Richtung Süden fährt – sie ist aber sogar mitten in Innsbruck allgegenwärtig. An ihrem Fuß, hoch über Matrei, duckt sich das Kloster Maria Waldrast in eine

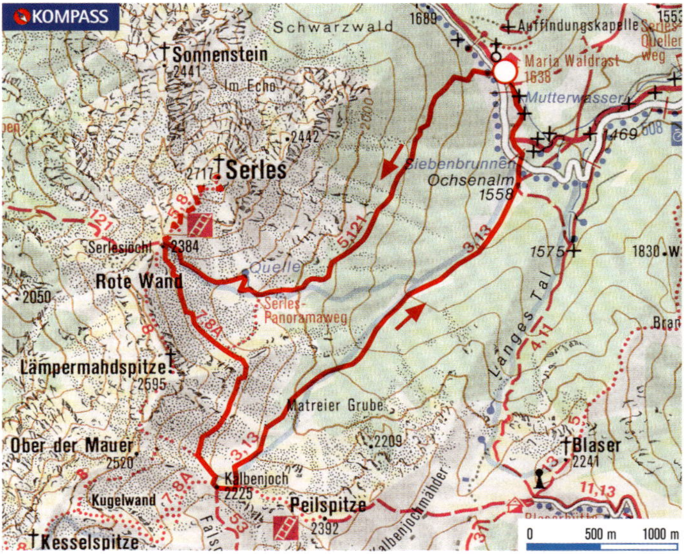

Die Rote Wand über dem Serlesjöchl.

Almmulde. Hier beginnt der kürzeste Zustieg zum Gipfel, und zwar beim **Brunnen** vor der Wallfahrtskirche. Der Steig Nr. 121 führt erst durch Wald, dann schräg durch den mit Latschen bewachsenen Südosthang des Berges in die freie Serlesgrube.
Rechts ins **Serlesjöchl** empor. Rechts zur kurzen Leiter, auf der man eine kleine Felswand überwindet. In Kehren auf dem anfangs luftigen, dann breiten und mit Schutt bedeckten Südwestrücken empor. Zuletzt über einen harmlosen Felsabsatz zum großen **Gipfelkreuz**.
Abstieg auf der gleichen Route. Sehr schön ist die Steigvariante, die vom **Serlesjöchl** quer durch den Schutthang unter den Ostabstürzen der **Roten Wand** und über die Scharte bei einer markanten Felsspitze (»Herzl«) in die breite Grassenke des **Kalbenjochs** führt. Links ins Kar der **Matreier Grube** und über eine bewaldete Steilstufe zum Boden der **Matreier Ochsenalm.** Zur nahen Straße und kurz nach **Maria Waldrast** hinauf.

Der Blaser von Norden

Wer sich die Serles nicht zutraut, ein paar harmlose Felsen jedoch nicht scheut, könnte den berühmten Blumenberg von der Ochsenalm ansteuern. Ein Waldsteig führt ins Lange Tal, das weiter oben zu einem steilen, von Felsabbrüchen begrenzten Schuttkar wird. Hinter der Scharte zwischen dem Blaser und der Peilspitze liegt eine überraschend weite Grasmulde, aus der man links bequem zur Blaserhütte und auf den Gipfel gelangt (2 Std.). Abstieg auf der gleichen Route (1½ Std.).

Von Innsbruck ins Stubai

Der lange Weg durchs Tal

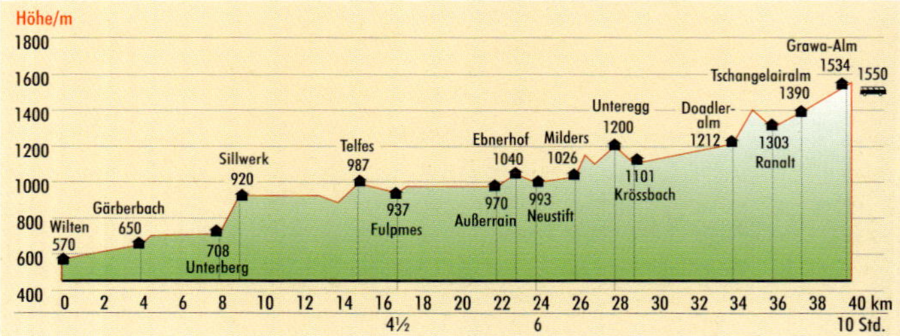

Ausgangspunkt: Innsbruck, Stiftskirche Wilten, 570 m. Rückfahrt per Bus, ab Fulpmes oder Telfes auch mit der Stubaitalbahn.
Charakter: Ca. 40 km lange, landschaftlich sehr abwechslungsreiche Talwanderung auf Asphalt- und Schotterstraßen, breiten Wegen und schmalen, im ersten Abschnitt kurz auch ausgesetzten Pfaden.
Gehzeit: Innsbruck – Fulpmes 4½–5 Std., nach Neustift 1½ Std., zur Grawaalm 4 Std.
Einkehr: In allen Orten im Stubaital, dazwischen mehrere Gasthöfe und im hinteren Talbereich einige bewirtschaftete Almen.
Karte: KOMPASS Nr. 83.

Der folgende Tourentipp skizziert nur eine von mehreren Möglichkeiten, das Stubaital der Länge nach zu durchwandern – die Wege der Sonn- und Schattseite lassen sich nach Herzenslust kombinieren. Als Ziel sei der wunderbare Grawa-Wasserfall im hinteren Talbereich empfohlen, als Startpunkt das Kloster Wilten im Süden Innsbrucks: Die wilde Sillschlucht bildet einen wirklich eindrucksvollen Auftakt, und auch die anschließende Suche nach den Spuren der historischen Brennerstraße, deren Trasse auf die Römer zurückgeht, hat ihre Reize.

Von Innsbruck nach Fulpmes: Auf der Klostergasse schlendern wir an der **Stiftskirche Wilten** vorbei zum Kulturgasthaus Bierstindl und links Richtung »Vill, Igls« unter der **Brücke der Brennerbahn** durch. Gleich danach links abbiegen (Wegweiser »Sillschlucht«) und auf dem Fußweg neben den Schienen über die Autobahn. Unter einer Autobahnbrücke durch zum **Spielplatz** am Beginn der **Sillschlucht.** Hinter der »Schoberruhe« geht es auf Stegen zu einer gedeckten **Holzbrücke.** Jenseits in Serpentinen ansteigen und wieder zum Bach hinab, an der Simath-Quelle vorbei und zu einer **Abzweigung:** Nach der Beschilderung »Gärberbach, Vill« auf dem schmaleren **Séberinysteig** weiter durch die Sillschlucht zum nächsten gesperrten Wegabschnitt: Auf neu angelegter Trasse links durch den Steilhang hinauf, über eine kurze ausgesetzte Passage (Drahtseil) und in Kehren wieder abwärts. Unter der Autobahn- und der Eisenbahnbrücke durch, an einem Wasserfall vorbei und durch das breiter werdende Tal (Gartenhäuser) bis zur Straße, die von Vill herabführt. Rechts über die **Sillbrücke** in die Siedlung **Gärberbach.**

Dort links abzweigen und zur **Brenner-Bundesstraße,** der man kurz taleinwärts folgt. Vor dem **Quellschutzgebiet** die Fahrbahn überqueren und weglos den kurzen Grashang zum **Gewerbegebiet** hinauf. Dort links zu einer anfangs asphaltierten Forststraße, die oberhalb der Bundesstraße durch den Waldhang führt: Hier verlief auch die historische Brennerroute. Die Brücke über den **Riedlbach** ist längst verfallen, also wird er »wild«, aber ohne Problem überschritten. Dann geht es auf einer grasigen Wegtrasse weiter. Über eine Wiese und auf einem Waldweg – bei einer Abzweigung links haltend – zum **Gasthof Schupfen.**

In dieser denkmalgeschützten »Wirtstavern«, die Brenner-Reisenden Herberge und Verpflegung bot, schlug Andreas Hofer während der Kämpfe am Bergisel im Mai und August 1809 sein Hauptquartier auf.

Am Gebäude vorbei und rechts auf einem Wiesenweg oberhalb der Bundesstraße weiter, links auf schmalem Steig wieder zur Straße hinab und auf dieser rechts zur 1845 erbauten **Stephansbrücke** – sie ist heute noch Österreichs größte Steinbrücke. Davor rechts abzweigen und an der alten Volksschule vorbei in die Ortschaft **Unterberg**. Links auf der Brücke über die Ruetz zum Sägewerk (hier verlief auch die alte Brennerstraße) und zur Kreuzung bei der **Kapelle**: Geradeaus die Schotterstraße hinauf, kurz darauf scharf rechts auf eine alte Forststraße abbiegen: Dieser Hohlweg geht auf die römische Brennerstraße zurück. In Kehren durch den Waldhang des Burgstalls hinauf (nicht rechts abbiegen). Weiter oben erreicht man eine **Forststraße**, auf der man rechts ansteigt: Alte Pflastersteine bezeugen, dass es sich dabei um die Maria-Theresianische Brennerstraße handelt: Acht bis zehn Pferde mussten hier vor die Wagen gespannt werden, und auch Johann Wolfgang von Goethe überwand den Berg in der Kutsche. Von der folgenden Abzweigung bei einem **Wegkreuz** sollte man einen kurzen Abstecher nach links unternehmen – bald steht man unter der **Europabrücke**, deren Dimensionen aus der »Untersicht« besonders eindrucksvoll erscheinen. Dann wandern wir auf der rechten Straße nach dem Wegweiser »Schönberg« zu den **Wasserbecken** des Ruetzkraftwerks und zur nächsten Abzweigung: Geradeaus geht's zur nahen **Autobahn-Raststätte**

Um Neustift blüht es, auf der Brennerspitze liegt noch Schnee.

Die »Schlickerwand« (Kalkkögel) über Fulpmes.

Schönberg, wo ein kurzes Stück der Römerstraße zu sehen ist.
Ins Stubaital gelangt man jedoch nach rechts, der Beschilderung »**Stollensteig**« folgend.
Bald zweigen wir links auf die schmale Wegtrasse ab, die zur Wartung des Wasserstollens für das Kraftwerk angelegt wurde. Sie führt – anfangs fast eben – durch die steilen Waldhänge hoch über der **Ruetzschlucht**; kurze Stellen sind mit Geländern versehen. Bei allen Abzweigungen bzw. Querungen von Forststraßen hält man sich an die Wegweiser »Stollensteig« bzw. »Mieders«.
Nach der Überschreitung eines Seitenbaches (Wildbachverbauung) geht es kurz bergauf, dann wandern wir durch flacheres Gelände und über kleine Wiesen weiter (zwei links abzweigende Wege führen nach **Mieders** hinauf). Nach kurzen steilen Abstieg wandern wir neben der Ruetz zu einem Haus. Rechts auf der Asphaltstraße taleinwärts, kurz vor dem **Gasthof Zur Kirchbrücke** rechts über die Ruetz und nach **Telfes** hinauf.
Vor dem Bahnübergang beim **Bahnhof** biegen wir links ab, überschreiten kurz darauf die Gleise zu einer Infotafel und folgen den Wegweisern »Plöven, Fulpmes« nach links. Am Ortsende rechts auf einen Feldweg einschwenken (»Wiesenweg Plöven«) und links über den Bach. Zu einem Haus, rechts am Zaun entlang und auf einem Wiesenpfad in die Ortschaft **Plöven**. Bei der Kapelle geradeaus Richtung »Fulpmes« und zur Brücke über den Plövenbach hinab. Links auf der

Fachschulstraße abwärts, dann auf der Bahnstraße entweder links zum Bahnhof oder rechts ins Ortszentrum von **Fulpmes**.

Von Fulpmes nach Neustift: Auf der Bahnstraße zum Plövenbach, davor links die Fachschulstraße hinauf (vorbei am Schmiedemuseum) und nach der Beschilderung »Schlick 2000« zur **Kreuzjoch-Seilbahn**. Links an der Talstation vorbei (Wegweiser »Gröbenhof, Neustift«) zur Einmündung der Rodelbahn. Geradeaus auf dem ebenen Schotterweg (»Wald- und Wiesenweg nach Neustift«), dann auf der Asphaltstraße zum **Gasthof Gröbenhof**. Auf der Straße über herrliche Wiesen (»Paradies«). Der »Rastbichl« erinnert daran, dass hier die Bewohner des inneren Stubaitals auf dem Weg zu Begräbnissen in Telfes verschnauften. Bei der Einmündung der Zufahrt von Medratz rechts zur Omisbergbrücke, danach links abwärts und am **Gasthof Rastbichlhof** vorbei. Nach der Beschilderung »Neustift« bis knapp vor die Einmündung in die Hauptstraße. Rechts nach dem Wegweiser »Neustift-Rain, Ebnerhof« aufwärts und kurz darauf links auf dem Feldweg zum obersten Bauernhof. Hier rechts Richtung »Neustift, Ebnerhof«, zwischen den Gebäuden zu einem Wiesenpfad und durch den Waldhang (Blockhalden). Auf breiterem Weg zur **Jausenstation Ebnerhof** und links Richtung »Neustift« die Asphaltstraße hinab. Bei der folgenden Abzweigung geradeaus zu einem alten **Bauernhof**, unter dem hölzernen Übergang zwischen dem Hauptgebäude und der Tenne durch und an einem Backofen mit angebauter Kapelle vorbei. Auf dem Wiesenweg (Prachtblick auf Neustift und das Zuckerhütl) zu einem weiteren Haus, dahinter über einen Bach und links zu einer Zufahrtsstraße. Rechts nach Neustift hinab.

Von Neustift zum Grawa-Wasserfall: Vom Platz beim Gemeindeamt auf der Hauptstraße links an der **Kirche** vorbei und zur Brücke. Davor rechts abzweigen (»Gesundheitsweg«), am **Freizeitzentrum** vorbei und neben der Ruetz zum **Spielplatz**. Rechts Richtung »Oberberger Tal«, bald über den Oberberger Bach und rechts nach **Milders**. Auf der Franz-Senn-Straße nach links, kurz darauf rechts auf den Mühlenweg einschwenken und – vorbei am Hotel Almhof – zur Straße ins Oberberger Tal. Hier beginnt ein Wanderweg (Beschilderung »Schaller, Unteregg – Oberegg, Bichlhof«), der oberhalb des Ortes ansteigt. Bei der folgenden Abzweigung links, über die Liftwiese und auf einer Forststraße zur nächsten Wegteilung: Rechts Richtung »Unteregg – Oberegg, Krössbach« hinauf, über die Unteregger Wiesen zum Bauernhof **Unteregg** und nach **Oberegg**. Im kurzen Abstieg nach **Krössbach**, wo die Ruetz überschritten

Wanderziel Wildwasser: der Grawa-Wasserfall.

wird (Bushaltestelle). Rechts ca. 500 m neben der Hauptstraße taleinwärts, dann nochmals über den Bach und auf der Schotterstraße taleinwärts (Blick zum Mischbach-Wasserfall unter dem Habicht). Durch den **Campingplatz Volderau**, vor der Brücke rechts auf dem asphaltierten Fahrweg durch das Sägerwerksgelände und – bald wieder auf der Schotterstraße – zum **Erholungsgebiet** an der Ruetz. Davor links über die Straßenbrücke, auf der anderen Seite rechts Richtung »Falbeson« und auf der Forststraße durch das Augebiet (»Klausäule«) zur **Doadleralm**. Weiter zu den Häusern von **Falbeson** (Kapelle) und rechts zur Hauptstraße, auf der man einige Schritte taleinwärts geht. Dann rechts (Wegweiser »Ranalt«) über die Brücke und auf der Forststraße vier Kehren hinauf. Vor einer Hütte rechts auf den alten Almweg abzweigen und zwischen Wiese und Wildbach zu einer Wildfütterung. Auf der Forststraße zu einer Furt und links nach **Ranalt** hinab (Bushaltestelle).

Auf der Hauptstraße rechts hinauf, unterhalb der **Kirche** vorbei. Nach einer Brücke links auf dem Wanderweg durch Wald und über eine Wiese zum **Parkplatz** für die Besucher der Nürnberger Hütte. Neben der Straße zur nahen Brücke, rechts hinab und durch Wald zur **Tschangelairalm**.

Bei der Brücke vor der Alm zweigt links ein breiter Wanderweg ab, der – stetig ansteigend – neben der Ruetz bis unter den **Grawa-Wasserfall** führt. Kurz danach rechts über den Steg zur **Grawaalm** (Bushaltestelle).

Waldraster Jöchl (Gleinserjöchl), 1879 m

Wallfahrt nach Maria Waldrast

Ausgangspunkt: Mieders, 953 m (Bushaltestelle).
Charakter: Problemlose, aber lange Bergwanderung auf Forststraßen, Waldwegen und schmalen Pfaden; ein sehr steiler Aufstieg. Man kann die Tour »halbieren«, indem man mit der Seilbahn zum Koppeneck, 1605 m, hinauffährt.
Gehzeit: Zum Gasthof Sonnenstein 1½ Std., nach Maria Waldrast 1 Std. (Zugang von der Seilbahn ¾ Std.), auf das Waldraster Jöchl ¾ Std., Abstieg 2 Std.

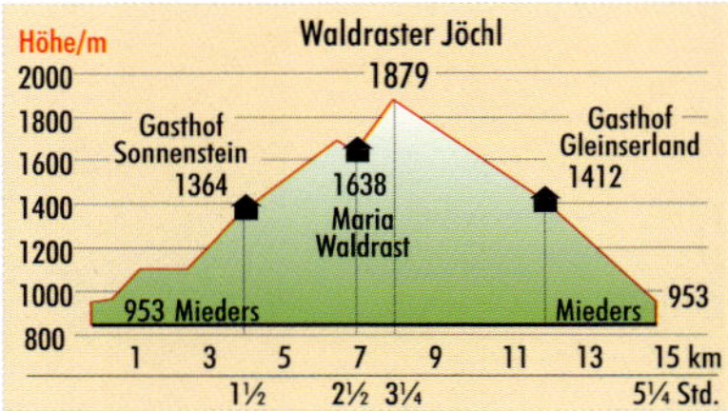

Einkehr: Gasthof Sonnenstein, Maria Waldrast, Gleinserhof, Zirkenhof.
Karte: KOMPASS Nr. 83.

Maria Waldrast (siehe auch Tour 13) ist seit Jahrhunderten ein beliebtes Ziel für Wallfahrten – daran konnte auch die zeitweilige Aufhebung des Klosters nichts ändern. Wir starten beim **Dorfbrunnen** im Ortszentrum von Mieders und folgen zunächst der Dorfstraße taleinwärts zur Talstation der **Hochserlesbahn.**

Auf der links abzweigenden Asphaltzufahrt (Wegweiser »Maria Waldrast, Sonnenstein«) in eine Siedlung und danach auf der Forststraße (Rodelbahn) durch den Wald zu einer Abzweigung: Geradeaus Richtung »Fulpmes« weiter und über den **Mühl-**

Auch im Winter wird Maria Waldrast gern besucht.

bachgraben. Bei der nächsten Wegteilung scharf links Richtung »Sonnenstein, Maria Waldrast« und auf dem Kreuzweg (Nr. 02 A/11 b) zum **Gasthof Sonnenstein** hinauf. Auf dem breiten Weg durch Wald und Latschen zu einer Forststraße, die von der Bergstation der Gondelbahn (Koppeneck) herüberführt. Auf dieser über einen Sattel zum Kloster **Maria Waldrast.**

Kurz zurück zum Waldrand, dann jedoch rechts auf einem schmalen Waldpfad zur **Auffindungskapelle** empor und links auf einem steilen Steig zum Kreuz auf dem **Waldraster Jöchl** (Gleinserjöchl). Geradeaus zum nahen Gatter, dort rechts dem Wegweiser »Gleinsermadern« folgen und auf dem Gleinsersteig (Nr. 19) zu einem **Wiesensattel** absteigen. Rechts auf den Fahrweg, kurz darauf wieder auf dem Steig weiter und über den Rücken. Einige Fortstraßen querend erreicht man den Graben der **Gleinser Mähder.** Rechts auf einem ebenen Fahrweg zum **Gasthof Gleinserhof.** Nach dem Schild »Mieders« links den Wiesenweg zum Waldrand hinunter und auf einem Hohlweg zur Forststraße, die rechts zu einer Abzweigung hinabführt: Links zum **Zirkenhof.** Kurz vor der Brücke zweigt rechts bei einem Gatter ein Wiesenweg ab, auf dem wir neben dem verbauten Zirkenbach talwärts wandern. Durch den Waldgraben in den Weiler **Bachleiten,** vor dem obersten Hof rechts über die Brücke und nach **Mieders** hinunter.

16

Wildeben, 1781 m

Himmel und Hölle

Ausgangspunkt: Kampl bei Neustift, 978 m (Bushaltestelle).
Charakter: Landschaftlich sehr interessante, aber anspruchsvolle Bergwanderung auf guten, aber schmalen und stellenweise abschüssigen Pfaden.
Gehzeit: Aufstieg 2 Std, Abstieg 1½ Std.
Einkehr: Gasthaus Wildeben.
Karte: KOMPASS Nr. 83.

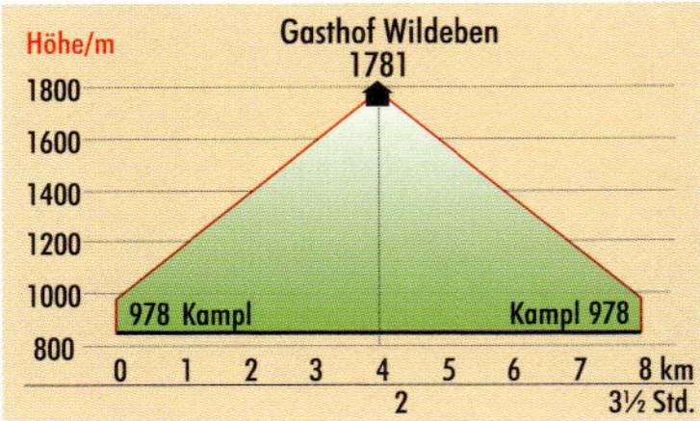

Westlich der Serles verzeichnen die meisten Karten eine »Kamplhöhle«, bei der es sich wohl eher um eine »Hölle« handelt – so bezeichnete man jedenfalls früher etliche schwer zugängliche Talwinkel. Wer in diesen tief eingeschnittenen Graben vordringt, steht bald inmitten eines spektakulären Fels-Amphitheaters – und entkommt doch zu einem himmlischen Aussichtsplatz...

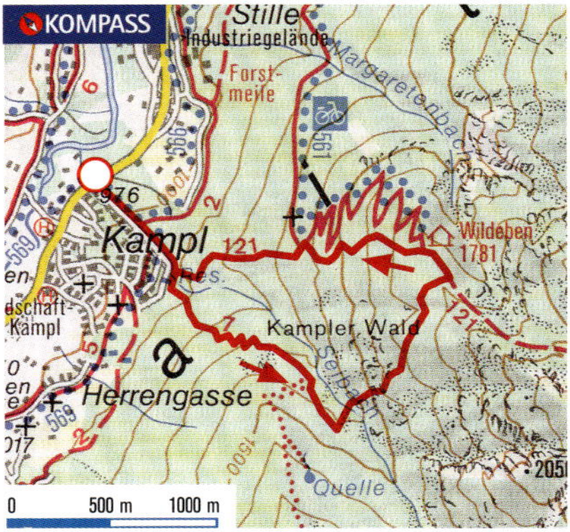

Von der Hauptstraße gehen wir auf der **Höhlebachstraße** zwischen der Siedlung Kampl und dem Bach bergwärts. Bei der Abzweigung der Serlesstraße (Kreuz) geradeaus die Schotterstraße hinauf (Wegweiser »Wildeben, Serles«, Markierung 121). Gleich darauf nach rechts und an den **Wasserbehältern** oberhalb der Siedlung vorbei, dann links auf der Forststraße zu einem **Gatter.** Davor rechts nach der Beschilderung »Wildeben, Serles« abzweigen und auf dem schmalen Pfad über den steilen Waldrücken oberhalb der Wildbachverbauung aufwärts. Auf 1400 m Seehöhe zweigt der Steig zur Kesselspitze ab – wir gehen jedoch geradeaus Richtung »Wildeben« in den Graben, queren eine Schutthalde und übersetzen den **Seibach.** Drüben geht es durch eine steile

Der Kalkkögel-Blick vom Weg zur Wildeben

Schrofen- und Latschenflanke hinauf (Stufen, weiter oben Geländer). Schließlich durch die Waldhänge zum **Gasthaus Wildeben.** Folgen Sie dem alten Stubaier Steig noch etwa 10 Minuten. in Richtung Serles hinauf – oberhalb der Waldgrenze genießen Sie dann eine tolle Aussicht bis hinüber zur Innsbrucker Nordkette! Im **Abstieg** folgen wir kurz der Schotterstraße. Vor einem Bildstock links auf den Waldpfad abbiegen und stets nach der Beschilderung »Kampl, Neustift« abwärts. Zuletzt über eine Brücke zur **Höhlebachstraße** und rechts zum **Ausgangspunkt** zurück.

Kesselspitze, 2728 m

Neben der Serles (die man von der Wildeben in etwa 2 ½ Stunden durch ein steiles Schuttkar und das Serlesjöchl erreicht) lockt auch die benachbarte Kesselspitze: Von der erwähnten Abzweigung zieht der Steig Nr. 7 auf einen Waldrücken, über den auf eine Latschenanhöhe ansteigt.

Auf einem Grat und durch den steilen Hang der Kesselmahd erreicht man den Hauptgrat: Links zum felsigen Gipfelaufbau, kurz links in die Flanke und rechts zum Kreuz auf dem höchsten Punkt (5 Std. ab Kampl). Der Abstieg erfolgt dann auf der gleichen Route.

Der Neustifter Besinnungsweg

»Ihr Felsen und Bäche lobet den Herrn!«

Ausgangspunkt: Neder bei Neustift, 970 m (Bushaltestelle).
Charakter: Interessante Bergwanderung auf Forststraßen und einem schmalen, stellenweise steilen und mit vielen Stufen versehenen Pfad, der Trittsicherheit erfordert (ausgesetzte Passagen sind gut abgesichert).
Gehzeit: Zur Issenangeralm 2 Std., Abstieg 1 Std.

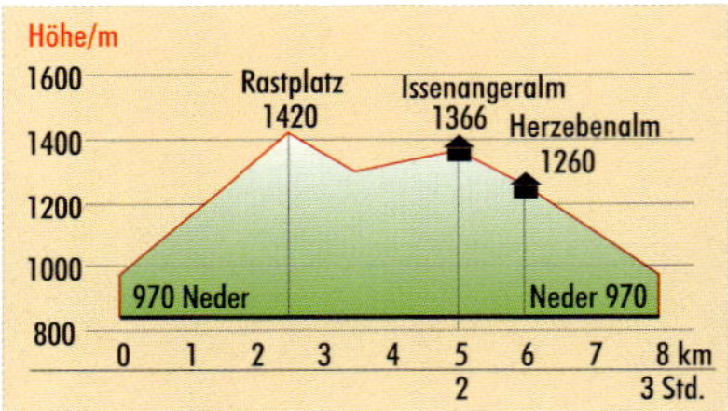

Einkehr: Issenangeralm, Herzebner Almwirt.
Karte: KOMPASS Nr. 83.

Die »Handschrift« Hansjörg Ranalters ist unverkennbar: Der Neustifter Bildhauer gestaltete die Stationen eines ungewöhnlichen Weges, der 1996/97 auf Anregung

von Pfarrer Edi Niederwieser vom Arbeitskreis »Kirche und Tourismus« hoch über dem Pinnistal angelegt wurde.
Wir überqueren beim Hotel Forster die Hauptstraße und gehen den **Pinnisweg** aufwärts. Weiter oben über den Pinnisbach, links zu den obersten Häusern und auf der Forststraße ins enge **Pinnistal.** Nach einer Abzweigung beginnt der **Besinnungsweg** links bei einem Gedenkstein über die alttestamentarische Geschichte der drei Jünglinge im Feuerofen. Der schmale Stufenweg führt in Serpentinen durch den Waldhang unter der Kesselmahd hinauf, vorbei an etlichen künstlerisch gestalteten Rastplätzen, die zum Rasten und Meditieren einladen. Ein **Kreuz** auf etwa 1400 m Seehöhe markiert den höchsten Punkt. Kurz darauf verlässt man den Wald und steigt durch sehr steiles Fels- und Latschengelände

hoch über dem Pinnistal ab – ausgesetzte Passagen sind mit Geländern und Stahlseilen gesichert.
Knapp über dem Talgrund durchquert man eine kleine, ebenfalls mit einem Psalmtext versehene **Schlucht;** dann gelangt man wieder in den Wald. Bald steigt der Pfad neuerlich an und erreicht bei einem Graben eine Abzweigung:
Rechts geht's zum nahen **Herzebner Almwirt,** geradeaus zur kaum weiter entfernten **Issenangeralm.**
Zuletzt wandern wir auf dem Fahrweg talwärts. Bei der Abzweigung unterhalb des Herzebner Almwirts links zur unbewirtschafteten, aber sehr urigen **Herzebenalm.**
Dort rechts weiter in Richtung »Neder, Neustift« und auf einem Pfad neben einer Hütte vorbei, bis man auf einem steilen Schotterweg wieder zur Pinnistal-Almstraße hinabkommt.
Hier links zum **Ausgangspunkt** zurück.

Die urige Herzebenalm (Bild oben) ist eigentlich eine »Hirschebenalm«. Bild unten: Eine Plastik am Besinnungsweg.

Nördlicher Elferturm, 2495 m

Die Felsruinen über dem Stubaital

Ausgangspunkt: Neustift, 993 m (Bushaltestelle), Talstation der Elferbahn, 993 m. Mit der Seilbahn zur Bergstation, 1794 m.
Gehzeit: Zur Elferhütte 30–40 Min., auf die Nördliche Elferspitze 1–1½ Std., Rückweg zur Elferhütte 2 Std. (Abstieg durch das Pinnistal 3½ Std.).
Charakter: Landschaftlich sehr eindrucksvolle Bergtour auf schmalen Pfaden im steilen Felsgelände (kurze Passagen erfordern Trittsicherheit und Schwindelfreiheit, der schroffe Gipfelaufbau ist gesichert).
Einkehr: Agrarrestaurant, Elferhütte.
Karte: KOMPASS Nr. 83.

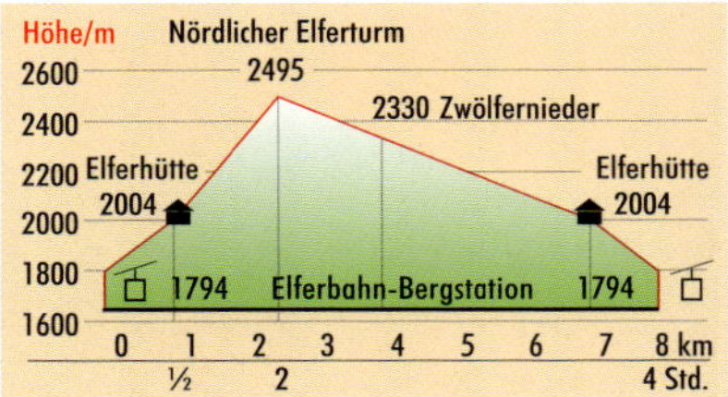

Die zerborstene »Dolomitburg« im Süden von Neustift ist ein wahrer Abenteuerspielplatz: Von der **Bergstation** der Elferbahn wandern wir zur **Elferhütte** hinauf. Bei der nahen Schlepplift-Station rechts abbiegen (Wegweiser »Zwölfernieder über Elfer«) und bei der folgenden Abzweigung links Richtung »Elferspitze«. Über den felsigen Rücken und links kurz abwärts, dann durch steile Mulden zwischen bizarren Dolomittürmen in einen breiten **Sattel** empor. Rechts (Beschilderung »Elferspitze«) durch steilen Fels zu einem tiefen Spalt und auf Felsbändern (Seilsicherung) zu einer weiteren Kluft. Schließlich klettert man durch einen ca. 5 m hohen, senkrechten Kamin (Eisenklammern, Stahlseil) zum **Gipfelkreuz.**
Zurück zum **Sattel,** dort nach rechts (»Panoramaweg«) und etwas absteigend, dann über einen Grat

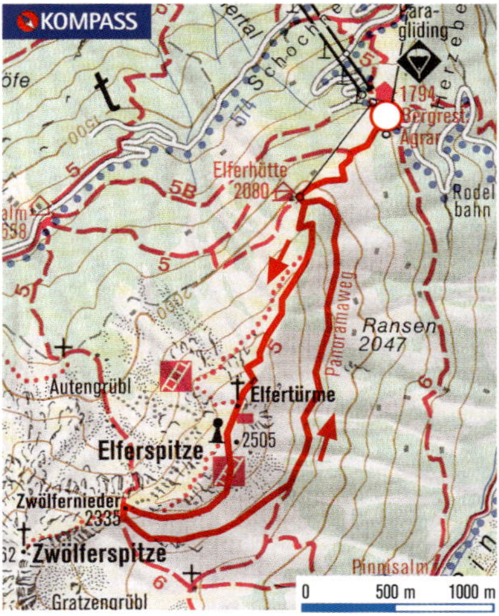

Die Elfertürme in der Sonne, der Elferkofel im Schatten.

in die Mulde unter dem wuchtigen **Elferkofel** (Elferspitze). Links daran vorbei in eine Scharte, dahinter zwischen großen Blöcken abwärts. Nach der Einmündung eines Pfades rechts durch den Hang und zur **Zwölfernieder-Scharte** hinauf.

Nun steigen wir links Richtung »Panoramaweg« zu einer weiteren Wegteilung ab, gehen dort scharf nach links und erreichen den **Panoramaweg,** der links durch die steilen Abhänge des Elfermassivs zur **Elferhütte** hinüberführt.

Ins Pinnistal

Wer nicht mit der Seilbahn talwärts schwebt, sollte den langen, aber sehr eindrucksvollen Abstieg durch das Pinnistal ins Auge fassen: Von der Abzweigung unterhalb des Zwölfernieders geradeaus ins Gratzengrübl hinunter, vor dort rechts über eine kleine Anhöhe und zur Karalm im Talgrund am Fuß des Habichts hinunter. Talaus wandern wir auf einem Fahrweg – vorbei an einem zerborstenen Riesenfelsen, der Issenangeralm und dem Herzebner Almwirt. Beim Beginn des Besinnungsweges links durchs Tal hinab und beim Hotel Klima links Richtung »Neustift«. Beim Winklhof nochmals nach links, taleinwärts zu einer Brücke und danach links zur Seilbahnstation.

Zundeck (Zindegg), 2052 m

Ein Almberg im Schatten des Elfers

Ausgangspunkt: Neustift, 993 m (Bushaltestelle), Talstation der Elferbahn, 993 m. Mit der Seilbahn zur Bergstation, 1794 m.
Charakter: Einfache Bergwanderung zu einem wenig besuchten Aussichtspunkt; problemlose, aber im oberen Bereich kaum markierte Bergpfade.

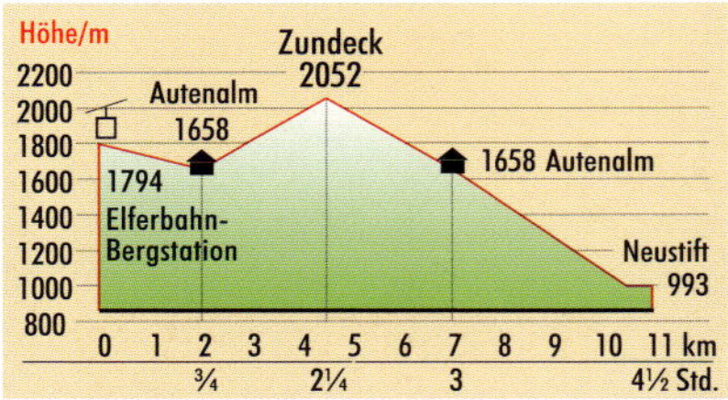

Gehzeit: Zur Autenalm ¾ Std., auf das Zundeck 1–1½ Std., Abstieg ¾ Std., Abstieg nach Neustift 1½ Std.
Einkehr: Bergrestaurant Agrar, Autenalm.
Karte: KOMPASS Nr. 83.

Kaum zu glauben, dass es in der näheren Umgebung des viel besuchten Elfermassivs so einen einsamen Aussichtspunkt gibt!

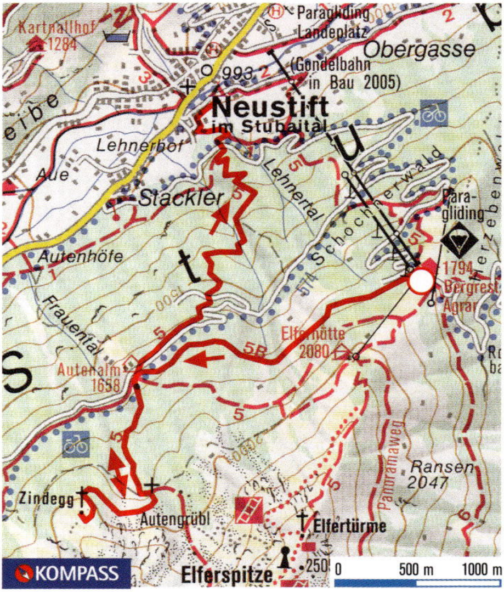

Vom **Bergrestaurant** neben der **Seilbahnstation** führt ein sanft abfallender Wanderweg durch Waldhänge und über eine Lawinenschneise zur **Autenalm.**
An der Forststraße gleich oberhalb der Hütte steht ein Wegweiser in Richtung »Zwölfernieder«: Diesem folgen wir – anfangs weglos – am rechten Rand der Almwiese zum Wald hinauf. Dort beginnt ein schmaler Pfad, der sich in das **Autengrübl,** das schütter bewaldete Kar unter dem hellen Elfermassiv und der dunklen Zwölferspitze, emporschlängelt.
Unter einem gewalti-

Ein Wanderziel für Individualisten: das Zundeck unter dem Elfer.

gen **Felsblock** teilt sich der Steig: Nach rechts (Schild »Zundeck«) und im sanften Anstieg quer durch den freien Hang in den Zirbenwald. Dort wieder nach links und schließlich durch grasiges Gelände zum **Gipfelkreuz.** Einige Schritte weiter oben steht ein großer Steinmann – von dort sieht man bis zum Zuckerhütl. Zurück zur **Autenalm** auf der gleichen Route. Von dort führt der Wanderweg Nr. 5 etwas unterhalb der Forststraße durch den Wald. Man erreicht eine Straßenkehre, dann geht es steiler ins Schittertal hinab. Nach der Bachüberquerung um einen Waldrücken herum, zu einer Betonruine hinab und rechts Richtung »Neustift-Dorf«.

Bald erreicht man wieder die Forststraße, der man kurz folgt. Dann rechts (»Neustift Talstation«) zur Lawinenverbauung im Lehnertal, davor links zu den obersten Häusern hinunter und rechts zur Ruetz, über die eine Holzbrücke ins Ortszentrum führt. Nach der **Kirche** weist die Beschilderung rechts zur **Seilbahnstation.**

Abstecher zur Klamperbergalm

Diese wieder aufgebaute und sehr schön gelegene Almhütte erreicht man mühelos von der Autenalm auf der Forststraße und einem Abkürzungsweg (1½ – 2 Stunden hin und retour). Wer sie vom Stubaital aus ansteuert, startet bei der Brücke, die vor der Ortschaft Krössbach über die Ruetz führt: Kurz auf der Schotterstraße neben dem Bach talauswärts, bis rechts der stellenweise recht steile Wald- und Wiesensteig zur Alm abzweigt (2 Stunden).

20

Glücksgrat, 2365 m

Zum Bergwerk unter dem Habicht

Ausgangspunkt: Gasteig im Stubaital, 1110 m, Bushaltestelle Neugasteig.
Charakter: Lange Bergwanderung auf guten, aber stellenweise steilen Steigen.
Gehzeit: Zur Mischbachalm 2–2½ Std., auf den Glücksgrat 1½ Std., Abstieg zur Bacherwandalm 1½ Std., zum Ausgangspunkt 1½ Std.
Einkehr: Mischbachalm, Bacherwandalm.
Karte: KOMPASS Nr. 83.

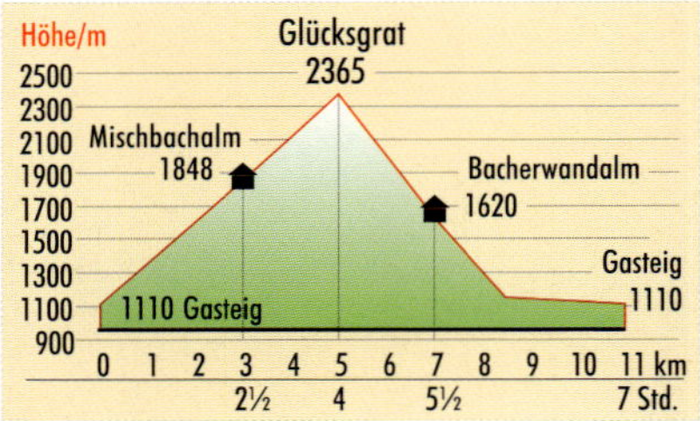

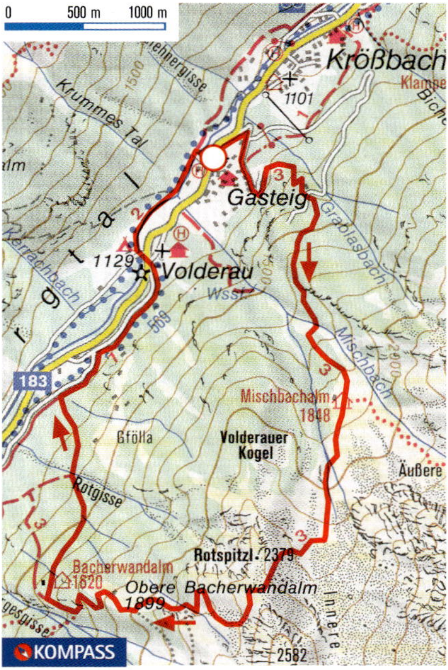

Die Nordwestseite des mächtigen Habichtmassivs bietet gleich drei Besonderheiten: ganz unten den prachtvollen Mischbach-Wasserfall, ganz oben den steilen Ferner gleichen Namens, der ihn mit Wasser speist – und dazwischen die wohl ursprünglichste Alm im Stubai.

Unter dem Glücksgrat, wo man überraschend einfach zur benachbarten, kaum weniger urigen Bacherwandalm hinüberkommt, hatten übrigens auch die Bergknappen Glück: Man schürfte hier nach Schwefel- und Kupferkies, fand aber auch Bleiglanz und sogar etwas Gold.

Wir gehen nach der Be-

Beim Ander auf der Bacherwandalm bleibt niemand hungrig.

schilderung »Mischbachalm, Glücksgrat« in die Siedlung **Neugasteig** hinauf. Bei der folgenden Abzweigung rechts zu den obersten Häusern und von dort links auf den alten Almweg in den Wald hinauf. Eine Forststraße queren, durch steile Hänge zum Steg über den Mischbach. Über eine weitere Rinne und auf einem steilen Rücken zur **Mischbachalm** empor. Nach dem Schild »Glücksgrat« rechts in die Innere Mischbachgrube hinauf. Bei einem Wegweiser rechts gegen das Rotspitzl ansteigen und auf eine aussichtsreiche Schulter am Auslauf des **Glücksgrats** (Kreuz). Jenseits schräg durch steiles Gelände ins Äußere Grübl hinunter. Neben dem Graben abwärts, dann links zur Oberen **Bacherwandalm** und durch den steilen Waldhang zur Bacherwandalm. Hinter der Hütte und an der Seilbahnstation vorbei, in den Höllengraben hinab und nach kurzem Anstieg zum Teufelsegg durch den Waldhang zu einem Graben (Rotgisse) abwärts. Auf der Forststraße ins Tal und rechts nach **Volderau.** Links über die Brücke in den Campingplatz, nach rechts und neben der Ruetz zum **Ausgangspunkt** zurück.

Falbesoner Nockalm – Bacherwandalm

Wo die Zeit stehen geblieben ist

Ausgangspunkt: Doadleralm in Falbeson im Stubaital, 1212 m (Bushaltestelle).
Charakter: Abwechslungsreiche, aber durchaus anspruchsvolle Bergwanderung auf schmalen, gelegentlich auch etwas rutschigen Pfaden im steilen Wald- und Almgelände.
Gehzeit: Zur Falbesoner Nockalm 1–1½ Std., zur Bacherwandalm 1 Std., Abstieg ¾ Std.

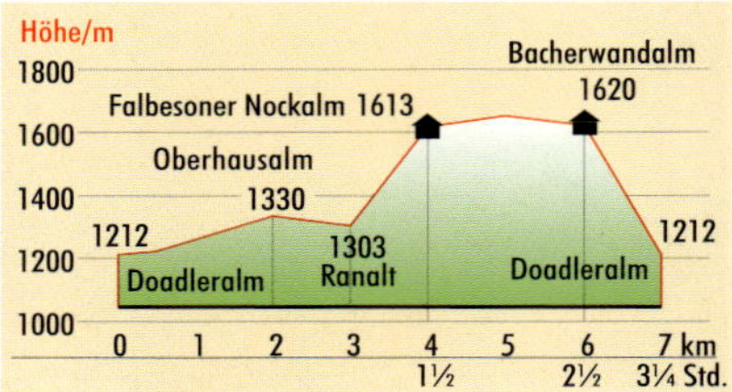

Einkehr: Falbesoner Nockalm, Bacherwandalm.
Karte: KOMPASS Nr. 83.

»Wenn man den Weg verloren hat, lernt man ihn kennen.« Mit Sprüchen wie diesen hat der Ander, der Senner der Bacherwandalm, den letzten Abschnitt dieser bezaubernden Rundtour bestückt. Man sollte ihn schon vorher beherzigen, denn stellenweise führt nur eine schmale Pfadspur durch die Steilhänge hoch über dem Tal. Zunächst wandern wir jedoch auf dem Fahrweg von der **Doadleralm** taleinwärts zu den Almhütten von **Falbeson** (Kapelle) und zur Hauptstraße. Auf dieser wenige Schritte nach links, dann rechts nach dem Wegweiser »Ranalt« über die Brücke. Auf der Schotterstraße vier Kehren aufwärts, vor einer Hütte rechts auf den alten Almweg abzweigen und zwischen Wiese und Wildbach hinauf. Schließlich eben zu einer Wildfütterung, auf der Forststraße zu einer Furt und dann links nach **Ranalt** hinab. Über die Ruetz, scharf rechts die Hauptstraße hinauf, vorbei am Gasthof Ranalt. Links zur kleinen **Kirche** und über die Zufahrt zum **Gasthaus Falbesoner** zu einem Sen-

Oben die Bacherwandalm, unten die Nockalm.

der. Nach der Beschilderung »Bacherwandalm, Falbesoner Nockalm« auf einem anfangs etwas unübersichtlichen Pfad rechts in den Wald (rote Punkte und Pfeile), über einen kleinen Wasserlauf und dann in steilen Serpentinen auf eine freie Almkuppe. Über den Bach und wieder in den Wald, bis links ein kurzer Abstecher zur **Nockalm** hinabführt. Wieder zurück, dann links nach dem Wegweiser »Bacherwandalm« weiter und auf dem schmalen Pfad bald steil aufwärts.

Weiter oben geht es im Auf und Ab durch schütter bewaldete Hänge unter dem Ochsenkogel (Drahtseil) und auf einem Holzsteg über ein felsiges

Eck. Schließlich steigen wir zu einer Abzweigung hinunter: Rechts zum tief eingerissenen Bach und jenseits zur nahen **Bacherwandalm.**

Wieder retour über den Bach, bei der Wegteilung jedoch links hinab. Der stellenweise recht steile, aber mit launigen Spruchtafeln versehene Pfad führt durch den Waldhang direkt in den Gastgarten der **Doadleralm.**

Nürnberger Hütte – Grübl, 2500 m

Hüttenzauber unterm Wilden Freiger

Ausgangspunkt: Hüttenparkplatz zwischen Ranalt und der Tschangelairalm, 1369 m (Bushaltestelle).
Charakter: Abwechslungsreiche Bergwanderung auf breiten Wegen und einem gut angelegten, aber stellenweise steilen und steinigen Steig. Ab der Hütte hochalpine Steige bzw. Steigspuren, die Trittsicherheit erfordern – keinesfalls bei Nebel oder Schneelage gehen!

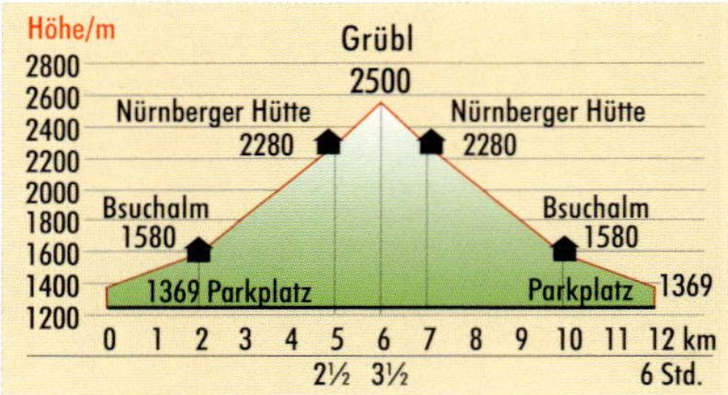

Gehzeit: Aufstieg 2½ Std., ins Grübl 1 Std., Abstieg 2½ Std.
Einkehr: Bsuchalm, Nürnberger Hütte.
Karte: KOMPASS Nr. 83.

Von der Nürnberger Hütte sieht man bis zu den Kalkkögeln.

Die eindrucksvoll gelegene Nürnberger Hütte ist zu Recht ein beliebtes Wanderziel. Das weite Kar, das der in mehrere Teile zerschmolzene Grüblferner südlich davon hinterlassen hat, steuern dagegen nur wenige an: Flankiert von den zerklüfteten Hängegletschern der beiden Feuersteine und der Eisdecke des Wilden Freigers glitzern dort zwei Seen – ein hochalpines Paradies!
Vom **Parkplatz** folgen

wir der Beschilderung »Bsuchalm, Nürnbergerhütte« und wandern auf dem breiten Waldweg zur Forststraße, die rechts ins Langental hineinzieht. Dort rechts über die Brücke zur **Bsuchalm.** Über die Wiese zu einem Traktorweg, der links zum felsigen Hang führt. Dort führt der neu angelegte Hüttensteig über viele Stufen empor. Hoch über dem Tal durch die Grashänge der Grüblalm und zuletzt durch einen kleinen Felsabbruch zur **Nürnberger Hütte.**

Weiter auf dem Steig Nr. 102 Richtung Bremer Hütte. Über Gletscherschliff-Platten aufwärts, dann rechts nach dem Wegweiser »Wilder Freiger« abzweigen. Kurz darauf findet man einen weiteren Wegweiser und die rote Aufschrift »F. See« auf einem Stein – dieser folgen wir nach links. Der schmale Steig verliert sich da und dort zwischen den Felsbuckeln, ist aber mit roten Punkten und Steinmännchen gekennzeichnet. Hinter einer Anhöhe aus Moränenschutt erreicht man den großen ebenen Boden unter dem Wilden Freiger – links davon liegen die beiden Fernerseen.

Abstieg auf der gleichen Route.

Mairspitze, 2780 m

Dieser großartige, dem Freiger im Norden vorgelagerte Aussichtspunkt wurde bereits im 19. Jahrhundert durch die Veröffentlichung eines Gipfelpanoramas gewürdigt. Man erreicht ihn, wenn man dem Weg in Richtung Sulzenauhütte kurz folgt, dann rechts abzweigt und durch den Grashang zu einer Schuttrinnen ansteigt. Links (Sicherungen) in eine Scharte, jenseits in ein Kar hinab und rechts zum Kreuz hinauf (1½ Std.). Der höchste Punkt ist nur über einen sehr ausgesetzten Blockgrat erreichbar. Abstieg auf der gleichen Route (1 Std.).

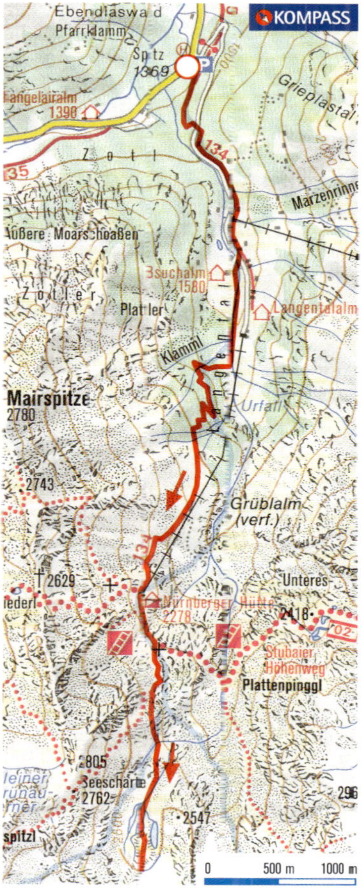

Sulzenauhütte, 2191 m

Wasser-Wanderungen unter dem »ewigen Eis«

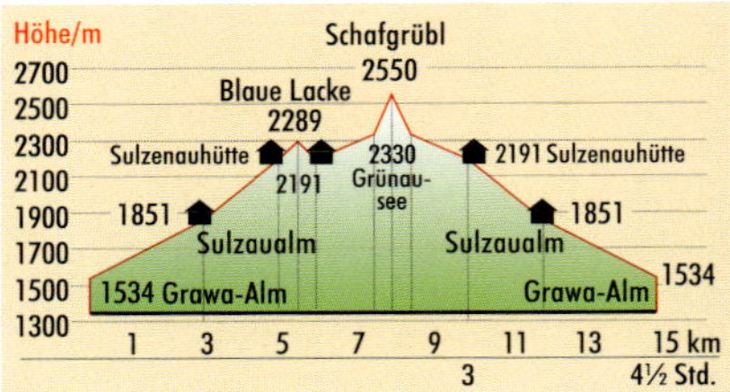

Ausgangspunkt: Grawa Alm im hinteren Stubaital, 1534 m (Bushaltestelle etwas oberhalb der Alm).
Charakter: Einfache Bergwanderung auf guten Steigen in hochalpines Gelände.
Gehzeit: Zur Sulzenauhütte 2 Std., Abstieg 1–1½ Std.; zur Blauen Lacke ½ Std. hin und retour; Abstecher ins Schafgrübl insgesamt 2½ Std.
Einkehr: Sulzaualm, Sulzenauhütte.
Karte: KOMPASS Nr. 83.

Der Grawa-Wasserfall zählt zu den interessantesten Kaskaden Österreichs: Die vom abgeschliffenen Gesteinsstaub trübe »Gletschermilch« aus dem Gebiet um den Wilden Freiger und das Zuckerhütl – während der Schneeschmelze oder an heißen Sommernachmittagen bis zu 5 m³ pro Sekunde – stürzt nämlich nicht nur fast 100 m in die Tiefe, sondern breitet sich dabei bis zu 30 m aus.

Gletscherblick vom Hundsheim

Die Erbauer des Lübecker Weges errichteten im 19. Jh. auf einer 2822 m hohen Felskuppe zwischen der Fernerstube und dem Aperen Freiger eine winzige, steinerne Unterstandshütte. Der hochalpine Weg zu diesem fantastischen Aussichtspunkt direkt gegenüber der Gletscherbrüche wurde reaktiviert: Wandern Sie von der Blauen Lacke auf dem Lübecker Weg über den Moränenrücken und kurz durch eine Schuttflanke aufwärts, dann beim Wegweiser »Hundsheim« links abzweigen und über Blockhänge hinauf (2½ Std. von der Hütte, Abstieg 2 Std.).

Man kann das spritzige Naturschauspiel bequem von der Grawa Alm aus beobachten, bevor man zum Ursprung des Glet-

Die Grüne Lacke gegen den Wilden Pfaff, unten die Hütte.

scherbachs aufbricht: Der Weg zur Sulzenauhütte (Nr. 136) führt direkt von der Bushaltestelle oberhalb der Alm zur Ruetz hinab. Danach quert man den Tal-Wanderweg, steigt in Serpentinen und schräg durch den Steilhang der Rauen Lehner zum Sulzegg (Materialseilbahn) an und gelangt rechts durch eine Engstelle in den tief eingeschnittenen Kessel der **Sulzaualm.** Durch den rechten Gras- und Schutthang zur bereits sichtbaren **Sulzenauhütte** hinauf.

Folgt man dem Zentralalpenweg 02 rechts Richtung Dresdner Hütte und zweigt man bei der übernächsten Abzweigung links nach dem Wegweiser »Müllerhütte« auf den Lübecker Weg (Nr. 136) ab, erreicht man nach der Brücke über den Gletscherbach und einem Moränenwall die **Blaue Lacke.** Zum **Grünausee** geht man von der Sulzenauhütte links Richtung Nürnberger Hütte über den Sulzaubach und auf eine grasige Anhöhe (»Übergschritt«). Kurz zum Boden unter dem Freigerferner hinab und über den Moränenwall zum See-Abfluss hinauf. Davor links auf dem 02-er weiter und bei der folgenden Wegteilung geradeaus zu den kleinen Seen im **Schafgrübl** (herrlicher Blick zum Wilden Freiger).

Zurück jeweils auf dem gleichen Weg.

24

Großer Trögler, 2902 m

Aug' in Aug' mit dem Zuckerhütl

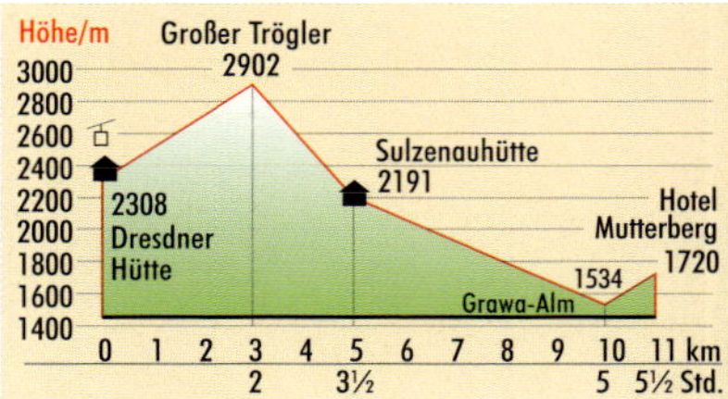

Ausgangspunkt: Hotel Mutterberg am Ende der Straße durch das Stubaital, Talstation der Stubaier Gletscherbahn, 1720 m (Bushaltestelle). Mit der Seilbahn zur Mittelstation bei der Dresdner Hütte, 2308 m.
Charakter: Hochalpine Bergwanderung auf steilen Steigen, die Trittsicherheit und Schwindelfreiheit erfordern. Bei Schneelage und Vereisung gefährlich! Der Weg über das Peiljoch ist kürzer und etwas leichter.
Gehzeit: Auf den Großen Trögler 2 Std., Abstieg 1–1½ Std.; auf das Peiljoch 1 Std., Abstieg ¾ Std. Vom Großen Trögler zur Sulzenauhütte 1½ Std. (vom Peiljoch 1 Std.), Abstieg zur Grawa Alm 1½ Std., zur Mutterberger Alm ½ Std.
Einkehr: Dresdner Hütte, Sulzenauhütte, Sulzaualm.
Karte: KOMPASS Nr. 83.

Es gibt nicht viele Aussichtswarten vom Schlag des Großen Tröglers: Der Blick von seinem Grat zum Sulzenauferner, der direkt gegenüber wie ein Eis gewordener Wasserfall vom Zuckerhütl und

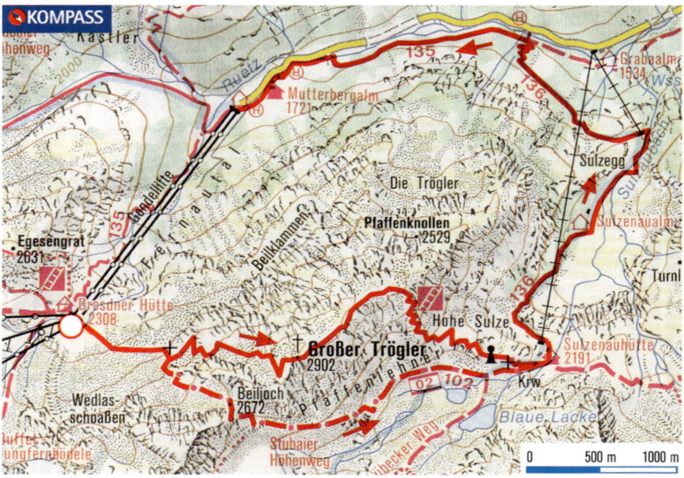

Geschafft: stolze Gesichter unter dem Gipfelkreuz.

vom Wilden Pfaff herabhängt, ist atemberaubend. Der Rest des Gipfelpanoramas umfasst die Gipfel um das Stubaier Gletscherskigebiet und die Ruderhofspitze, die Kalkkögel und das Karwendel, die Serles und den Habicht, aber auch die Bergwelt um den Pflerscher Tribulaun und die Feuersteine. Von der **Seilbahnstation** wandern wir auf dem Zentralalpenweg 02 Richtung Sulzenauhütte über den Fernaubach und anfangs sanft, dann steiler ansteigend über Schuttblöcke zu einer Wegteilung hinauf. Links geht's in Serpentinen durch eine steile Schuttflanke (oft Schnee) zu einer Gratschulter und in das kleine Kar unter der Peilspitze empor. Rechts davon auf dem gut angelegten Plattenweg und Felsstufen über den steilen Hang auf den Grat und links zum Kreuz auf dem **Großen Trögler. Abstieg** auf der gleichen Route. Folgt man von der Abzweigung dem rechten Weg Nr. 02, gelangt man über eine felsige Kante und durch ein Schuttkar ins Peiljoch. Sowohl vom Großen Trögler als auch vom **Peiljoch** kann man zur **Sulzenauhütte** absteigen: Im ersten Fall gelangt man auf bzw. neben dem NO-Grat zum **Kleinen Trögler** und dann rechts in Kehren durch den sehr steilen Schrofen- und Grashang zu einem flacheren Rücken hinab; weiter zum Talboden und links zum nahen Schutzhaus.

Vom Peiljoch steigt man kurz steil zum Moränenrücken über dem Sulzenauferner ab, folgt diesem nach links und quert die steile Felsflanken am Pfaffenlehner (Sicherungen); dann durch das Tal zur **Sulzenauhütte** hinab. Wie bei Tour 23 ins Unterbergtal nahe der Grawa Alm, dort nach links und auf dem breiten Weg neben dem Bach zum Parkplatz der **Mutterberger Alm** hinauf.

Mutterberger See

Mit der Seilbahn zum Seenzauber

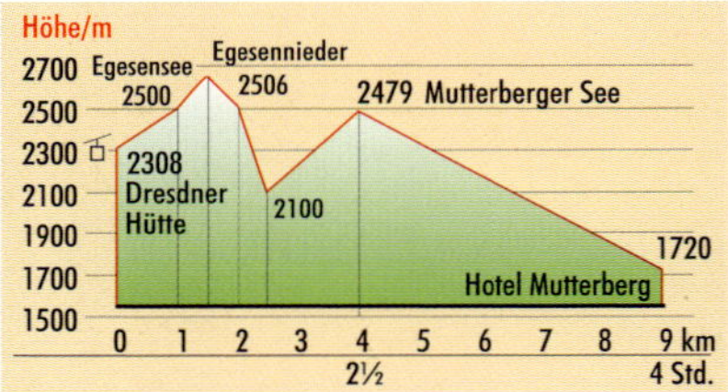

Ausgangspunkt: Hotel Mutterberg am Ende der Straße durch das Stubaital, Talstation der Stubaier Gletscherbahn, 1720 m (Bushaltestelle). Mit der Seilbahn zur Mittelstation bei der Dresdner Hütte, 2308 m.
Charakter: Schöne Bergwanderung durch hochalpines Gelände; gute, aber stellenweise steile und felsige Steige. Die Route über den Egesensee ist zuletzt weglos und erfordert ein bisschen Gespür für die beste Abstiegsmöglichkeit.
Gehzeit: Zum Mutterberger See 2–2½ Std., Abstieg 1½ Std.
Einkehr: Unterwegs keine.
Karte: KOMPASS Nr. 83.

Hoch über der einstigen Mutterbergeralm glitzern zahlreiche, meist kleine Wasserspiegel. Der größte und schönste davon ist der Mutterberger See, aus dem zwei kleine Inseln tauchen. Wie ein Topfrand umfassen Moränenwälle und glatt geschliffene Felsbuckel das Bergwasser, in dem sich mächtige Dreitausender wie der Hintere Daunkopf oder die Mutterberger Seespitze, aber – wenn man ein Stück über seinem Nordufer emporklettert – auch die Gletschergipfel von den Feuersteinen über das Zuckerhütl bis zur Schaufenspitze spiegeln.

Von der **Seilbahnstation** gehen wir zur benachbarten **Dresdner Hütte.**

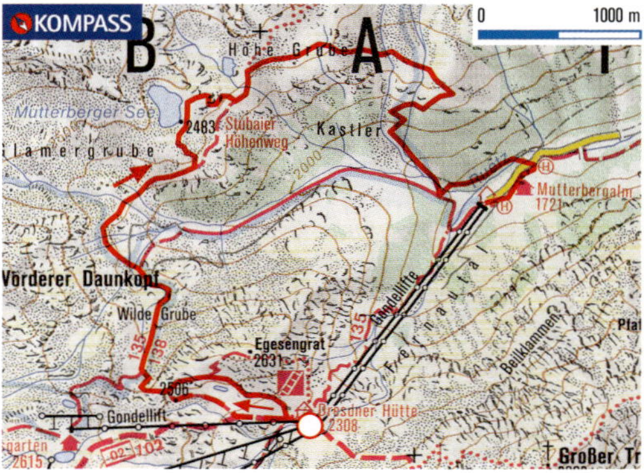

Man könnte nun über die Skipiste aufsteigen, nach einer Furt rechts einschwenken (Beschilderung »Regensburger Hütte, Mutterberger See«) und auf dem Pfad Nr. 135 zur Scharte der **Egesennie-**

Die Stubaier Gletscherberge spiegeln sich zwischen zwei Inseln.

der wandern. Schöner und nicht viel schwieriger ist es jedoch, gleich nach der Hütte rechts auf den schmalen Steig Richtung »Eggessengrat« abzubiegen: Er führt unter einem Übungs-Klettersteig vorbei und in Serpentinen zum kleinen **Egesensee** hinauf. Gleich dahinter liegt eine Lacke mit einem Steinmann mittendrin: Hier verlassen wir den markierten Pfad nach links, steigen weglos, aber ohne Schwierigkeiten durch eine Mulde zu einem weiteren Mini-See an und stehen kurz danach an der Abbruchkante des **Egesengrats** (man könnte auch auf dem markierten Pfad zum Gipfel hinaufgehen und dann links über den Blockgrat hierher absteigen). Hier nach links und auf grasigen Bändern durch die steile Flanke hinab. Bald beginnt ein ausgetretener Steig, der zur **Egesennieder** führt.

Nun steigen wir auf dem markierten Weg Nr. 135 durch Schutt und über glatte Platten (Seilsicherung) zu einer Schotterstraße ab. Auf dieser (oder dem alten, leider nicht mehr markierten Steig, der nochmals über glatt geschliffene Platten führt) zu einem Boden auf etwa 2100 m Seehöhe hinunter. Dort zweigen wir links auf den Steig Nr. 138 Richtung »Mutterberger See« ab: Ein Steg übersetzt den Gletscherbach, dann geht es im sanften Anstieg unter der **Glamergrube** vorbei. Nach der Durchquerung steiler Hänge erreichen wir am Zuntenkopf eine Wegteilung: Links nach der Beschilderung über einen Moränenrücken zum **Mutterberger See** hinauf. Rechts dem Ufer entlang, bis sich der Pfad wieder nach rechts entfernt und ins **Untere Hölltal** mit seinem verlandeten See hinabführt. Unterhalb davon erreicht man wieder den quer verlaufenden Steig, auf dem man links kurz ansteigt und einen Bach übersetzt. Bei der folgenden Wegteilung rechts Richtung »Mutterberg« weiter, auf einen Moränenwall (Bank) empor und in die **Hohe Grube** hinunter. Neben dem Moor vorbei, dann steil über Grashänge abwärts. Zwischen Zirben, durch Latschenfelder und unter Wasserfällen ins Tal.

Beim ehemaligen Mutterberger Leger teilt sich der Weg neuerlich: Auf der rechten, gut markierten Route über eine Wiese, neben der Schlucht des Gletscherbachs und zuletzt auf dem alten Almweg zum Hotel Mutterberg.

26

Schöckbichl, 2462 m

Geheimtipp mit Gletscherblick

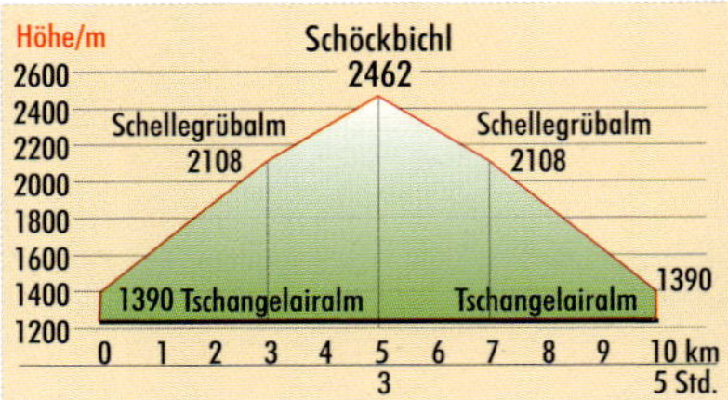

Ausgangspunkt: Tschangelairalm im hinteren Stubaital, 1390 m (Bushaltestelle kurz talaus beim Parkplatz für die Besucher der Nürnberger Hütte)
Gehzeit: Aufstieg 3 Std., Abstieg 2 Std.
Charakter: Anspruchsvolle Bergwanderung auf unmarkierten Pfaden und im weglosen Wald- und Almgelände – also wirklich nur für trittsichere »Pfadfinder«, die sich gut orientieren können. Bei Nebel gefährlich – Felsabbrüche!
Einkehr: Unterwegs keine.
Karte: KOMPASS Nr. 83.

Die Stubaier Alpen sind überlaufen? Hier nicht: Der Weg ins Schellegrübl ist nicht gleich zu finden und trägt auch keine Markierung – aber er verschenkt eine exklusive Sicht zu den vis á vis aufragenden Gletscherbergen.
Vom Parkplatz neben der **Tschangelairalm** geht man zur Tafel »Ruhegebiet Stubaier Alpen« und von dort links neben den Bäumen aufwärts, bis ein schmaler Pfad beginnt. Dieser führt in den Wald und zu einer kleinen Lichtung: Rechts oben prangt ein roter Punkt auf einem Stein – dort wieder in den Wald, über einen vermurten Graben und rechts aufwärts.
Auf dem nun wieder gut erkennbaren Weg über eine Schneise und kleine Felsstufen hinauf, flach über eine Wasserlauf und – wieder stärker ansteigend – in

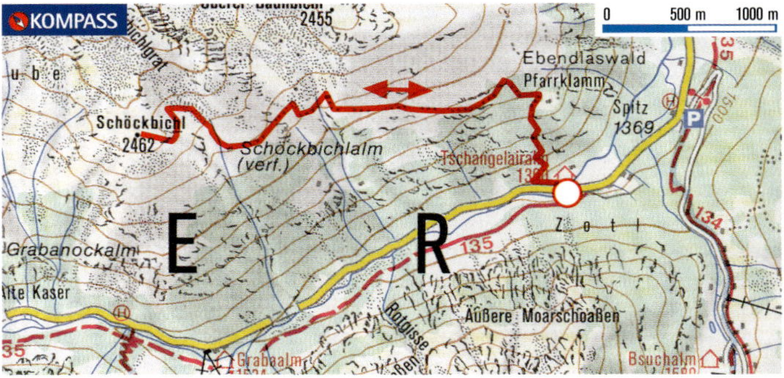

Ein wahrer Panoramaweg im Angesicht des Wilden Freigers.

Serpentinen zu einem Kreuz. Bei der nächsten Abzweigung links aufwärts, oberhalb der **Singer-Nockalm** vorbei und zu einem verwitterten Wegweiser an einem Baum: Hier nach links, erst flach dahin und dann im sanften Anstieg unter der Zwerchwand zur Waldgrenze. Zuletzt schräg durch die freien Südhänge des Daunbichls zur kleinen Hütte der **Schellegrüblalm** (Brunnen) hinauf.

Nun auf Steigspuren bzw. weglos in die weite Mulde des Schellegrübls hinauf. Auf ungefähr 2200 m quert ein schmaler, aber gut ausgetretener und fast ebener Steig, dem wir nach links über eine felsige Kante zur verfallenen **Schöckbichlalm** folgen. Davor rechts weglos ins Kar hinauf, dann nach links und über den steilen Grasrücken zum Steinmann auf dem Schöckbichl. **Zurück** auf der gleichen Route. *Achtung* – bei der Abzweigung kurz unterhalb der Schellegrüblalm auf dem linken, oberen Weg bleiben! Geübte Wegsucher können aus dem Schellegrübl auf dem ebenen Pfad nach Osten durch sehr steile Grashänge zum Kreuz auf dem Unteren Daunbichl hinübergehen. Von dort gelangt man links über einen Rücken zum Oberen Daunbichl hinauf; rechts steigt man steil zur Wegteilung oberhalb der Singer-Nockalm ab.

Neue Regensburger Hütte – Falbesoner See, 2575 m

Das Stubaier Extrastüberl

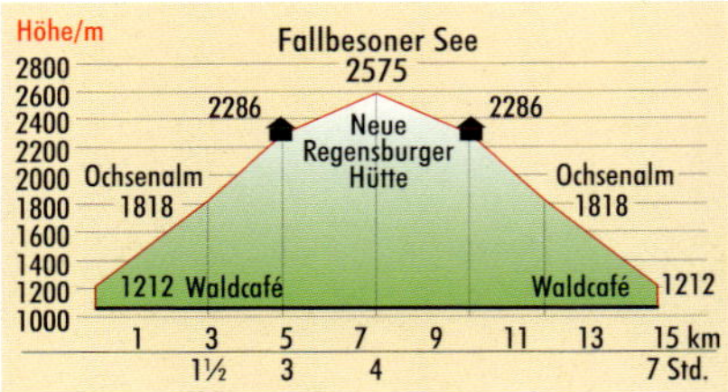

Ausgangspunkt: Waldcafé in Falbeson im Stubaital, 1212 m (Bushaltestelle).
Charakter: Problemlose, aber hochalpine Bergwanderung auf guten, aber stellenweise steilen Bergwegen. Nicht bei Nebel gehen!
Gehzeit: Zur Ochsenalm 1½ Std., zur Regensburger Hütte 1½ Std., zum Falbesoner See 1 Std., Abstieg 3 Std.
Einkehr: Neue Regensburger Hütte.
Karte: KOMPASS Nr. 83.

Seit 1930 steht die Neue Regensburger Hütte am Rand des »Hohen Mooses«, eines Hochmoors unter finsteren Felsgipfeln und dem Hochmoosferner. Der Weg in diese zauberhafte Urlandschaft beginnt beim **Waldcafé** und zieht mit der Markierungsnummer 133 in unzähligen Serpentinen durch den steilen Falbesoner Wald zur Anhöhe »Auf der Forche«, wobei die Forststraße viermal berührt bzw. überquert wird. Zuletzt wandern wir auf der flachen Schotterfahrbahn zur **Falbesoner Ochsenalm.** Neben dem Bach in den Talgrund, bei der folgenden Wegteilung geradeaus und über die Steilstufe neben dem großen Wasserfall zur Neuen **Regensburger**

Die Neue Regensburger Hütte und zwei ihrer Freunde.

Hütte hinauf. Auf dem Steig Nr. 138 eben ins Hohe Moos. Dann steigt der Pfad stärker an, überquert den Gletscherbach des Falbesoner Kräulferners und erreicht schließlich die Moräne des Hochmoosferners: Rechts davon nun zum nahe gelegenen **Falbesoner** See. Der **Abstieg** verläuft auf der gleichen Route.

Kreuzspitze, 3084 m (▼)

Eine »schwarze« Tour auf den schroffen »Hausberg«: Von der Hütte nach dem Wegweiser »Östl. Knotenspitze« durch das Jedlasgrübl zu einer Abzweigung. Geradeaus gelangt man auf den Vorderen Plattenspitz, rechts geht es – zweimal kurz absteigend und unter Firnresten vorbei – zum Beginn einer steilen Rinne: Rechts davon durch ausgesetztes Felsgelände (Sicherungen) zum großen Kreuz der Kreuzspitze (2½ Std., Abstieg 1½ Std.). Übergang zur Östlichen Knotenspitze, 3101 m, auf einem kurzen, scharfen Grat (I – II). Abstieg auf der gleichen Route.

28

Milderaunalm – Brandstattalm

Ein Panoramaweg für Individualisten

Ausgangspunkt: Milders bei Neustift im Stubaital, 1026 m (Bushaltestelle).
Charakter: Einfache, aber lange Wald- und Almwanderung auf Forststraßen und problemlosen Bergsteigen.
Gehzeit: Zur Milderaunalm 2 Std., Übergang zur Brandstattalm 2½ Std., Abstieg 1½ Std.
Einkehr: Milderaunalm, Brandstattalm, Auffangalm, Bichlhof.
Karte: KOMPASS Nr. 83.

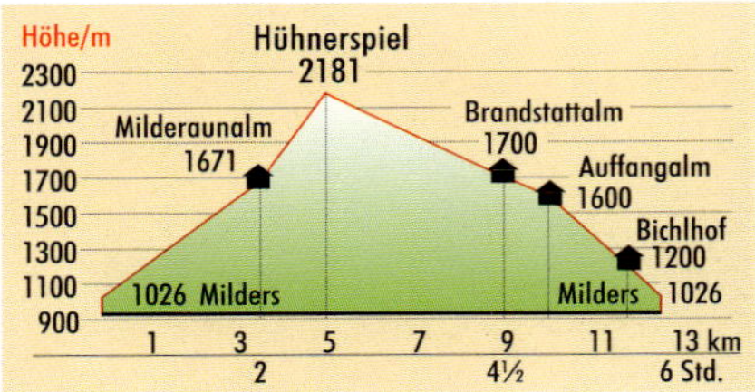

Hoch über dem Zwickel zwischen dem Ober- und dem Unterbergtal schmiegen sich drei wunderbare Almen an den Milderer Berg, dem südöstlichen Auslauf der Alpeiner Berge. Von der Bushaltestelle in **Milders** (Sportgeschäft) wandern wir auf der Straße Richtung Oberbergtal aufwärts. Gegenüber vom Almhof beginnt der Wanderweg Richtung »Milderaunalm, Brandstattalm, Auffangalm«, der dem Waldrand entlang hinaufführt. Rechts zu einer Forststraße, auf dieser scharf nach links und durch den Milderauner Wald aufwärts – ein beschilderter Pfad kürzt die Kehren ab. Schließlich links zur **Milderaunalm.** Vor der Hütte wandern wir rechts (Wegweiser »Brennerspitze«) auf dem Steig Nr. 1 durch lichten Zirben-

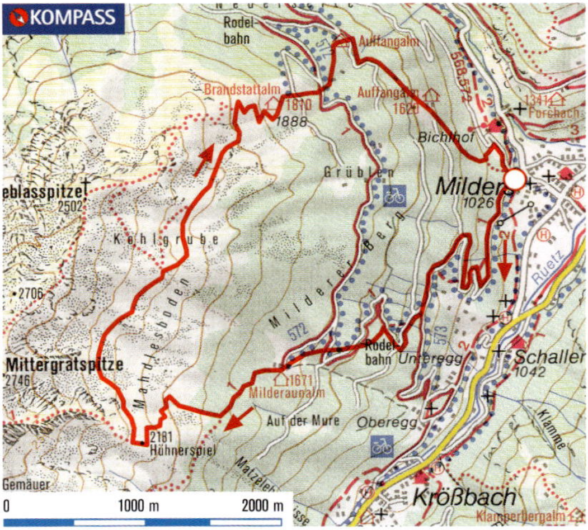

Die Brandstattalm lädt ein zu Speis' und Trank.

wald zu einer Wegteilung hinauf. Rechts Richtung »Brennerspitze« in eine Mulde, dann nach links und durch den freien Hang auf die Anhöhe des **Hühnerspiel** (verfallene Hütte). Hier biegt rechts ein markierter Pfad ab, der quer durch die **Mahdlesböden** unter der schroffen Brennerspitze ins weite Kar der **Kohlgrube** zieht. Bei der dortigen Wegteilung rechts bleiben, im sanften Abstieg unter der Seblasspitze vorbei und von der nächsten Abzweigung rechts in eine grasige Mulde und zur **Brandstattalm** hinunter.

Auf dem beschilderten Abstiegsweg durch einen Graben und die Forststraße querend – zur **Auffangalm,** dann durch Waldhänge und über eine Wiese mit Heuhütten zu einer weiteren Forststraße: Auf dieser links zum **Bichlhof** und rechts auf der Asphaltstraße zu einer Linkskehre hinunter (wer nicht in der Jausenstation einkehrt, nutzt einen Abkürzungssteig). Dort folgt man der rechts abzweigenden Schotterstraße, auf der man nach wenigen Schritten den bereits bekannten Aufstiegweg von **Milders** erreicht.

Brennerspitze, 2877 m

Der unübersehbare Felsdreikant südwestlich über Neustift lockt felserfahrene Bergsteiger mit einer luftigen »Himmelsleiter« und einer exklusiven Aussicht: Vom Hühnerspiel gerade aufwärts und auf dem ausgesetzten, stellenweise plattigen Ostgrat (Sicherungen) zu einer Mulde ins oberste Kar unter dem Gipfel. Kurz zum Gipfelkreuz hinauf (ca. 3 Stunden von der Milderaunalm). Abstieg auf der gleichen Route (2 Stunden).

Ins Oberbergtal

Zu den höchstgelegenen Schwaighöfen im Stubai

Ausgangspunkt: Neustift im Stubaital, 993 m (Bushaltestelle).
Charakter: Einfache Talwanderung auf breiten Wegen und problemlosen Pfaden.
Gehzeit: Aufstieg 2½ – 3 Std., Abstieg 2 Std.
Einkehr: In den Gasthöfen Bärenbad, Alt-Bärenbad und Alpenfrieden, Stöcklenalm, Oberisshütte.

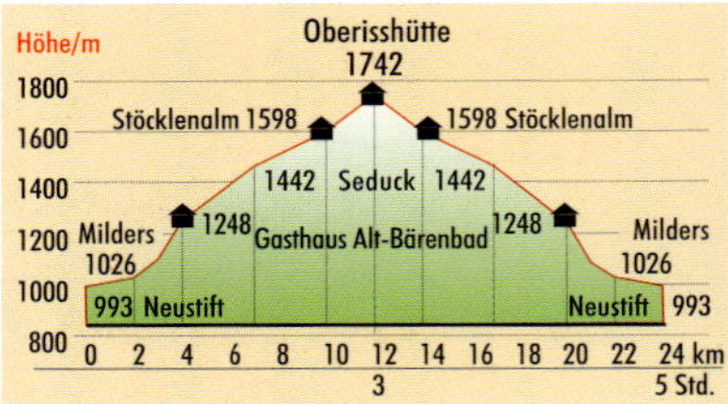

Karte: KOMPASS Nr. 83.

Auf den Sonnenhängen zwischen dem dolomithellen Burgstall und den dunklen Dreitausendern um das Wilde Hinterbergl entstanden schon im 12. und 13. Jahrhundert »Schwaighöfe« – hoch gelegene Bauernanwesen, deren Bewohner aufgrund der klimatischen Bedingungen fast ausschließlich von der Viehwirtschaft leben mussten. Auf Oberiss, 1742 m hoch und 12 km von Neustift entfernt, wurden zwei dieser Höfe bis ins 16. Jahrhundert ganzjährig bewirtschaftet. Heute findet man die höchstgelegen Stubaier Dauersiedlung 240 Höhenmeter tiefer, im Weiler Seduck, den die Einheimischen »Zugidugga« nennen. Vom Gemeindeamt in **Neustift** gehen wir auf der Hauptstraße links an der **Kirche** vorbei und zur Brücke. Davor rechts abzweigen, am **Freizeitzentrum** vorbei und neben der Ruetz zum **Spielplatz.** Rechts Richtung »Oberberger Tal«, über den Oberberger Bach und rechts nach **Milders.**

Von Seduck geht's hinauf zu den Almen.

Bei der Bushaltestelle über die Straße und nach der Beschilderung »Franz-Senn-Hütte« auf dem Wanderweg neben dem Bach weiter. An einem E-Werk vorbei, rechts über eine Brücke und bei der folgenden Abzweigung geradeaus zu einem Stall, hinter dem man den Bach nochmals übersetzt. Auf bzw. neben der Straße rechts Richtung »Oberberger Tal«. Vor der nächsten Brücke geradeaus auf dem Forstweg zum **Gasthaus Alt-Bärenbad.**

Rechts über die Brücke und links auf der Asphaltzufahrt zum **Teisenhof** hinauf. Links auf den Feldweg zu einer Holzbrücke, dann im Auf und Ab zum nächsten Gehöft. Links auf der Asphaltstraße Richtung »Oberissalm, Sedugg« und am **Haislerhof** vorbei. Nach zwei Bachfurten rechts die Sackgasse Richtung »Sedugg« zum **Knezenhof** hinauf und links auf dem Feldweg zum **Gasthaus Alpenfrieden.**

An der benachbarten **Seduckalm** vorbei und über eine Wiese wieder zum Bach. Bei der nächsten Abzweigung rechts Richtung »Stöcklenalm«, zur Holderlochalm empor und weiter taleinwärts. An einer Brücke vorbei und auf dem grasigen Weg zur nächsten Brücke: Links zur asphaltierten Talstraße hinauf (nicht geradeaus in die Wiesen). Rechts zur **Gastwirtschaft Stöcklen** (Stöcklenalm). Vor der Brücke geradeaus den beschilderten Almweg hinauf. Bald wandert man auf einem steinigen Steig zu einem Steg, über den man zur **Oberissalm** gelangt. **Abstieg** auf der gleichen Route.

30

Franz-Senn-Hütte – Rinnensee, 2646 m

Traumplätze im Alpeiner Tal

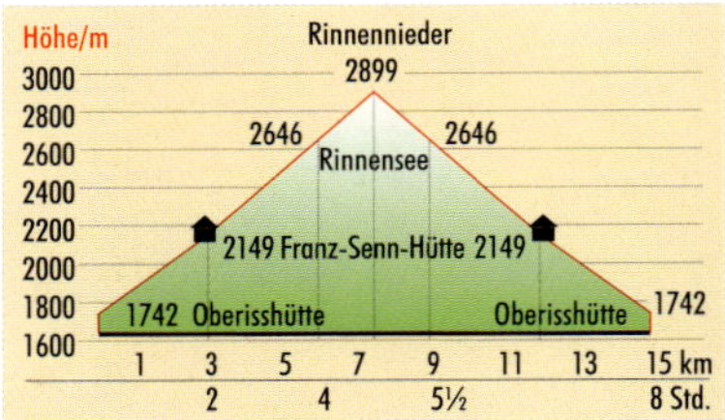

Ausgangspunkt: Oberisshütte im hinteren Oberberger Tal, 1742 m. Zufahrt von Neustift über Milders (gebührenpflichtiger Parkplatz).
Charakter: Großartige Bergwanderung auf gut markierten, aber stellenweise steilen und steinigen Steigen, die in hochalpines Gelände führen.
Gehzeit: Zur Franz-Senn-Hütte 1½ – 2 Std., zum Rinnensee 1½–2 Std., Abstieg 2½ Std. (Rinnennieder insg. 1½–2 Std. mehr).
Einkehr: Franz-Senn-Hütte.
Karte: KOMPASS Nr. 83.

Der »Namenspatron« erlebte die Eröffnung der nach ihm benannten Hütte im Alpeiner Tal, dem hochalpinen Hintergrund des Oberbergtals, nicht mehr: Der »Gletscherpfarrer« Franz Senn, einer der Gründer des Deutschen Alpenvereins, starb 1884 in Neustift, wo er seine letzten Lebensjahre verbrachte. Das mittlerweile stattliche Schutzhaus steht nach wie vor in seiner Tradition – als bestens bewirtschaftetes Zentrum einer »alpinen Erlebniswelt«, deren Angebot vom Familienspaziergang zum Alpeiner Ferner über den spektakulären Schlucht-Klettersteig im »Höllenrachen« bis zur Eistour auf die Ruderhofspitze reicht. Der Hüttenzustieg ist nicht zu verfehlen: Er führt als anfangs breite Trasse (Nr. 131) von der **Oberissalm** taleinwärts. Bei der folgenden Abzweigung rechts und auf dem schmaleren Weg in vielen Serpentinen durch den schütter bewal-

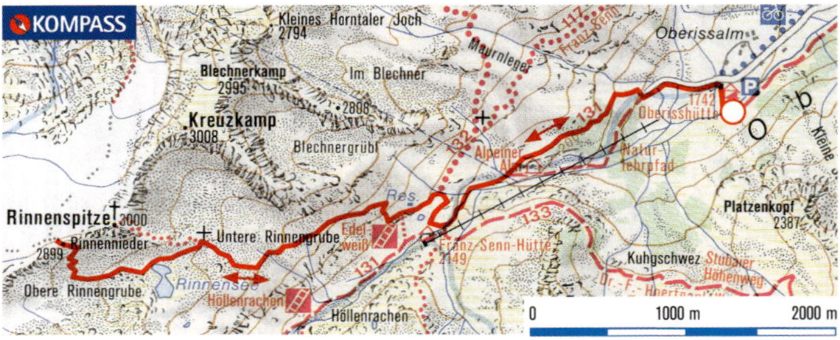

deten Hang zum Appler hinauf. In geringer Steigung zum moorigen Boden der **Alpeiner Alm** (links zur Almhütte). Über eine Steilstufe zur weithin sichtbaren **Franz-Senn-Hütte.**

Wir überqueren hinter der Hütte den Bach, biegen rechts auf den Weg Nr. 132 Richtung Startenburger Hütte ab und steigen zu einem felsigen Eck über einer kleinen Schlucht empor. Dahinter Wegteilung: Links Richtung »Rinnensee« und quer durch den steilen Gras- und Schutthang auf eine Kuppe (Bank, herrlicher Gletscherblick). Nach rechts, über einige Wasserläufe in einer Mulde (»Rinnensumpf«) und über einen weiteren Hang hinauf. Bei der folgenden Abzweigung links zum nahen **Rinnensee.** Es lohnt sich, durch das Blockchaos der **Rinnengrube** weiterzugehen: Der steile Serpentinen-Anstieg zur Scharte der **Inneren Rinnennieder** wird mit einem überraschenden Blick auf den riesigen Lisenser Ferner belohnt (45 Min. vom See).

Abstieg auf der gleichen Route. Ab der Alpeiner Hütte eventuell rechts auf dem steileren und stellenweise rutschigen Winterweg.

Gipfelziele rund um die Franz-Senn-Hütte

Keine andere Hütte in den Stubaier Alpen bietet eine derartige Auswahl hochalpiner, für trittsichere und schwindelfreie Bergwanderer aber verhältnismäßig einfach erreichbarer Gipfelziele. Das »schnellste« davon ist die **Vordere Sommerwand**, 2676 m: Von der Hütte folgen wir dem Weg Nr. 133 kurz Richtung Regensburger Hütte, zweigen dann rechts auf den beschilderten Steig ab und wandern über einen Rücken ins Kar (»Stiergschwez«) hinauf. Neben dem Bach gegen den Sommerwandferner empor und zu einer Abzweigung: Rechts geht's durch schroffes Gelände zum Steinmann auf dem Grat der Sommerwand empor (1½ Std.; der Übergang zum Gipfelkreuz ist mit Stahlseilen gesichert). Wer es gemütlicher liebt, wandert von der Wegteilung geradeaus zum idyllischen See im Vorfeld des Sommerwandferners hinauf. – Nördlich gegenüber erhebt sich der **Schafgrübler**, 2922 m: Wer ihn anstrebt, folgt zunächst der Route Richtung Rinnensee, zweigt oberhalb der Hütte jedoch rechts Richtung Starkenburger Hütte ab und wandert auf dem Höhenweg quer durch den Hang zur nächsten Wegteilung: Links hinauf und durch zwei Kare (Im Blechner, Maurrleger) auf einen Rücken über der Viller Grube. Im Angesicht der schroffen Viller Spitze durch Schutt zum Horntaler Joch hinauf. Links auf einem markierten Steig über den Grat auf den Gipfel (2½–3 Std.). – In »hautnahen« Kontakt mit den Gletschern kommen Sie auf dem Weg zum **Aperen Turm**, 2986 m: Von der Wegteilung hinter der Hütte links auf dem Steig Nr. 131 neben dem Alpeiner Bach taleinwärts. Flach am Höllenrachen (Alpeinerklamm) und unter dem Hinterbergl vorbei. Unter dem Berglastal steil auf den Moränenrücken hinauf und hoch über dem Alpeiner Ferner zu einer Abzweigung auf knapp 2700 m: Rechts gegen den Verborgen-Berg-Ferner empor, mit zunehmender Steilheit unter dem Grat des Wilden Turms nach rechts und über eine Anhöhe zum kleinen See unter dem Auslauf des Turmferners. Über einen Schutthang auf den Grat und rechts über eine ausgesetzte Scharte (Stahlseile) zum Gipfelkreuz (3½ Std.). – Deutlich ausgesetzter und schwieriger ist die exakt 3000 m hohe **Rinnenspitze**. Man erreicht sie von der Abzweigung vor dem Rinnensee rechts über einen Schuttrücken und eine glatte Felsflanke, die mit Hilfe von Stahlseilen und Eisentritten erklommen wird. Zuletzt links über den scharfen, aber ebenfalls gesicherten Grat zum Gipfelkreuz (2½ – 3 Std.). Der Tiefblick zum Rinnensee und auf der anderen Seite zum riesigen, nicht einmal 200 m tiefer gelegenen Lisenser Ferner ist einmalig! – Abstieg jeweils auf der gleichen Route.

31

Forchach – Kartnall

Leben am Steilhang

Ausgangspunkt: Neustift im Stubaital, 993 m (Bushaltestelle). **Charakter:** Interessante Wanderung auf Forststraßen und steilen Wegen. **Gehzeit:** Nach Forchach 1 Std., nach Kartnall 1 Std., Abstieg ¾ Std. **Einkehr:** Die Jausenstationen Forchach, Ober- und Unterkartnall (Hofer), Ebnerhof.

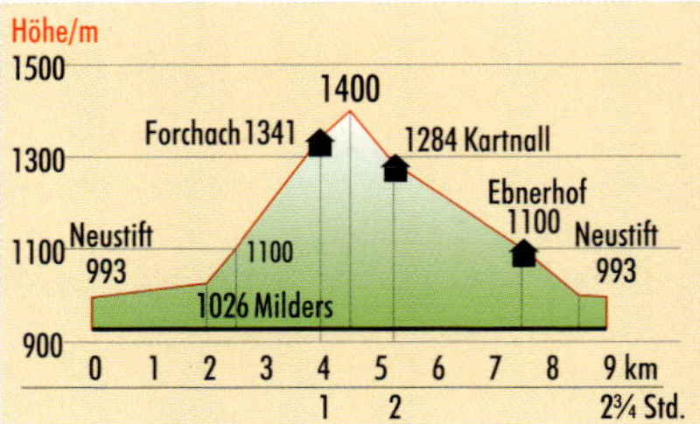

Karte: KOMPASS Nr. 83.

Die Wiesen, auf denen die einstigen Schweighöfe von Forchach und Kartnall »kleben«, sind wohl die steilsten über Neustift – sie werden heute noch mühevoll gepflegt und gemäht. Drei Einkehrstationen laden dort oben zu bodenständiger Stärkung ein – mit Fernsicht vom Zuckerhütl bis zur Serles und einem wahren »Flugzeugblick« zum Talboden. Vom Gemeindeamt in **Neustift** gehen wir wie bei Tour 29 nach **Milders** und neben dem Oberberger Bach taleinwärts, bis rechts ein Weg Richtung »Kartnall, Forchach« abzweigt: Er führt in Kehren aufwärts und dann im schrägen An-

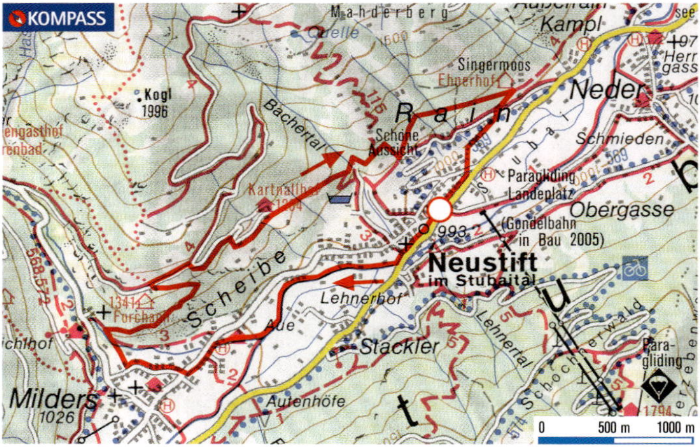

Leben am Steilhang: der heimelige Hof Forchach.

stieg durch den steilen Waldhang. Links zu einer Wiese und an einem Stadel vorbei zur **Jausenstation Forchach.** Nun auf der Asphaltstraße rechts zu einer Abzweigung hinauf, dort nach rechts und über zwei Kehren zu den Höfen bzw. Jausenstationen von **Kartnall** hinab. Vom Unterkartnallhof auf dem Traktorweg quer durch den steilen Hang abwärts, bei der Wegteilung im Wald links weiter und auf einem neuen Weg das **Bachertal** queren (Überstieg). Kurz darauf zu einer Forststraße, auf der wir rechts zum **Ebnerhof** hinabwandern. Rechts wie bei Tour 14 nach **Neustift.**

Stille Wege zur Starkenburger Hütte, 2237 m

Diese Wanderung lässt sich weit ausdehnen: Von der Abzweigung zwischen Forchach und Kartnall führt eine Schotterstraße in weiten Kehren empor, quert das Bachertal und führt durch die Schönegg-Wiesen zur Kaserstattalm; von dort geht es nach links – unter dem felsigen Burgstall – zur Starkenburger Hütte hinauf (3 Std.). Geübte Bergwanderer werden jenen Weg vorziehen, der vor Forchach durch die Wiese in den Wald und zu den Lichtungen der Innermahd zieht. Dort geht man links bzw. oberhalb der Forststraße vorbei, dann schlängelt sich der Pfad durch steiles und felsiges Gelände zu einem Brunnen zum Sattel beim Forcher Kogel hinauf. Links über den Rücken (Lawinenverbauungen) zum Schutzhaus (2½ Std.). Für den Abstieg wählt man vielleicht den Steig Nr. 115, der über die Schöneggwiesen – die Almstraße zweimal querend – ins Bachertal oberhalb von Neustift hinunterzieht (2 Std.).

32

Kaserstattalm, 1890 m

Neustifter Almenreigen

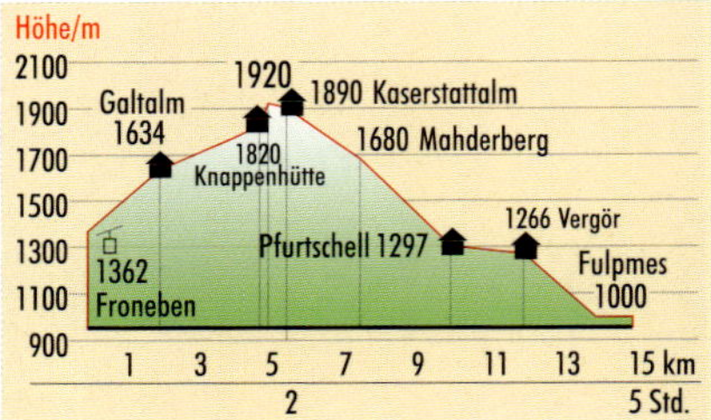

Ausgangspunkt: Fulpmes, 937 m (Bahnhof, Bushaltestelle), Talstation der Kreuzjochbahn (Schlick 2000). Mit der Seilbahn zur Mittelstation Froneben, 1362 m.
Charakter: Lange, aber eher gemütliche Almwanderung auf Forststraßen, breiten Wegen und schmalen Waldpfaden.
Gehzeit: Zur Kaserstattalm 2 Std., Abstieg über Pfurtschell und Vergör 2½ – 3 Std.
Einkehr: Bruggeralm, Galtalm, Knappenhütte, Kaserstattalm, Außerpfurtschell, Pfurtschelleralm, Vergör, Gröbenhof.
Karte: KOMPASS Nr. 83.

Wo man heute von Alm zu Alm wandert, lichte Lärchenwiesen durchquert und die großartige Aussicht von der Serles über den Habicht bis in den vergletscherten Talschluss genießt, schlugen einst Bergknappen Magnetit und Eisenglanz, Schwefel- und Kupferkies aus dem Gestein: Bis 1944 war die »Gewerkschaft Stubaier Erzbergbau« rund um die Kaserstattalm tätig.

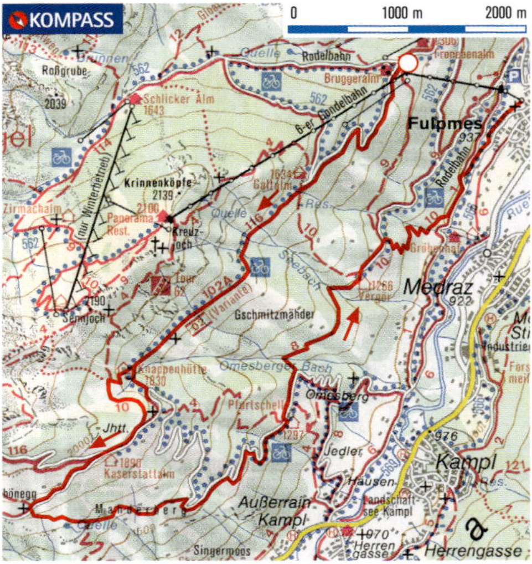

Von der **Seilbahnstation Froneben** wandern wir auf dem Fahrweg mit der Mark. 116/02 A nach links, in zwei Kehren neben dem Skilift aufwärts und kurz durch Wald zur **Galtalm.**
Auf dem stetig ansteigenden Almweg in die Lat-

Schroffe Felsen überm Schindeldach: Blick zur Serles.

schenzone oberhalb der Gschmitzmähder und durch die Abhänge des Kreuzjochs zur **Knappenhütte.** Kurz über die Weide empor, dann links abzweigen, durch die Wiesenmulde und um einen Waldrücken herum zur **Kaserstattalm.**

Abstieg auf der Forststraße, die zwischen aufgeforsteten Lärchen nach Südwesten – Richtung Kartnall/Forchach – hinunterzieht. Kurz vor dem Kreuz am **Schönegg** links auf den Pfad Nr. 115 abzweigen (Beschilderung »Neustift«) und steil zu den Heuhütten am Mahderberg hinab. Dort quert ein Traktorweg, auf dem man links nach dem Wegweiser »Pfurtschell-Höfe« weitergeht. In Kehren durch gepflegte Lärchenwiesen zur Forststraße, die sich rechts nach **Pfurtschell** hinunterschlängelt. Auf der Asphaltstraße weiter abwärts, bis links der Wanderweg Richtung »Vergör, Froneben« abzweigt.

Auf diesem im Auf und Ab durch den Omisberger Graben, die Gschmitzmähder und den Seebachgraben nach **Vergör.** Kurz auf der Asphaltstraße abwärts, dann rechts auf den beschilderten Waldweg abbiegen und in Kehren ins Tal hinunter.

Kurz vor dem **Gasthof Gröbenhof** erreicht man eine ebene Asphaltstraße, auf der man links Richtung Fulpmes bis zum nächsten Haus geht. Davor links auf dem Schotterweg zur **Talstation der Kreuzjochbahn.**

33

Hoher Burgstall, 2611 m

Ein Luginsland zwischen Kalk und Gletschereis

Ausgangspunkt: Fulpmes, 937 m (Bahnhof, Bushaltestelle), Talstation der Kreuzjochbahn (Schlick 2000). Mit der Seilbahn zur Bergstation Kreuzjoch, 2100 m.
Charakter: Anspruchsvolle, Trittsicherheit und Schwindelfreiheit erfordernde Bergtour auf schmalen, stellenweise gesicherten Steigen im steilen Alm- und Felsgelände.
Gehzeit: Auf den Hohen Burgstall 2 Std., Abstieg zur Starkenburger Hütte ¾ Std., zum Kreuzjoch 1½ Std.

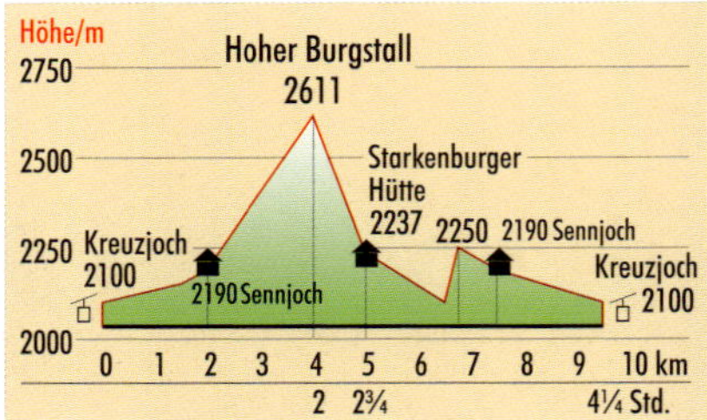

Einkehr: Panoramarestaurant Kreuzjoch, Sennjochhütte, Starkenburger Hütte.
Karte: KOMPASS Nr. 83.

Ein formschöner Aussichtsgipfel und eine fantastisch gelegene Hütte, spannende Felssteige und eine Seilbahn, die 1100 m Aufstieg erspart – der Süden der Kalkkögel bietet ein tolles Bergerlebnis. Es beginnt bei der **Seilbahnstation Kreuzjoch,** von der wir nach dem Wegweiser »Starkenburger Hütte« auf dem anfangs kaum ansteigenden **Panoramaweg** durch den Südhang des Wetzsteinschrofen (Lawinenverbauung) in eine Senke wandern. Kurz zur **Sennjochhütte** hinauf, dann folgen wir der Beschilderung »Hoher Burgstall« weiter.

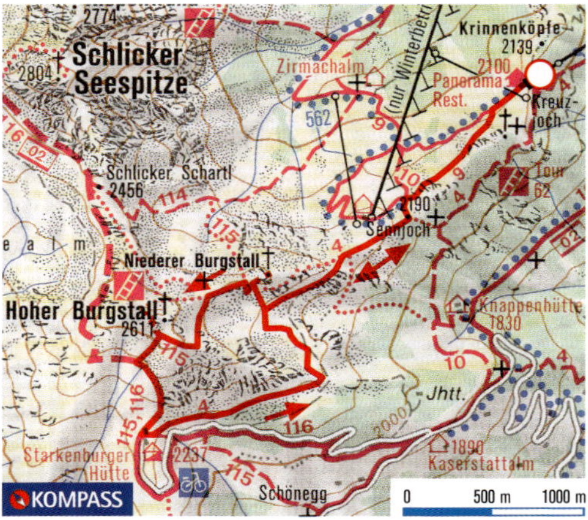

Noch ein Stück über den Rücken aufwärts, rechts abzweigen und unter der Südwand des **Niederen Burgstalls** vorbei. Über einen

Der Hohe Burgstall, dahinter der Serleskamm.

steilen Hang in einen Sattel, aus dem man rechts in wenigen Minuten zum Kreuz auf diesem Grasgipfel gelangt.
Zurück in den Sattel und dem benachbarten **Hohen Burgstall** entgegen. Unter seinem eindrucksvollen Felsaufbau – er trägt seinen Namen nicht von ungefähr! – teilt sich der Steig: Rechts geht es Richtung Schlicker Schartl, doch gleich darauf zweigt man links ab, um durch eine brüchige, aber gut gesicherte Felsrinne zum Gipfel aufzusteigen. Der linke Pfad führt über eine Senke auf die Südseite des Berges und schlängelt sich dort zwischen Lawinenverbauungen zu einer weiteren Wegteilung empor. Zum Gipfelkreuz steigt man rechts über steile Schrofen an.
Diese Route nutzt man auch für den **Abstieg** zur **Starkenburger Hütte:** Bei der Wegteilung auf der Südseite des Gipfelaufbaus rechts hinunter und zuletzt links auf dem querenden Weg Nr. 116 zum Schutzhaus. Der Blick zu den Eisriesen um das Oberbergertal ist fantastisch!
Knapp vor der Hütte beginnt der Rückweg zum Kreuzjoch: Wir queren durch die Schutthalden unter der Südflanke des Hohen Burgstalls (Lawinenverbauungen), wandern dann links ins Kar hinauf und gelangen auf einer gut gesicherten Trasse (Stahlseile, Steg) durch eine weitere Felsflanke zur **Sennjochhütte.**
Auf dem Panoramaweg schließlich wieder zur **Seilbahnstation Kreuzjoch** zurück.

34

Pfarrachalm, 1740 m

Erlebnis Gloatsteig

Ausgangspunkt: Fulpmes, 937 m (Bahnhof, Bushaltestelle).
Charakter: Abwechslungsreiche Bergwanderung auf steilen Waldwegen und schmalen Steigen im felsigen Steilgelände (Trittsicherheit und Schwindelfreiheit notwendig).
Gehzeit: Zur Schlicker Alm 2 Std., zur Pfarrachalm 1½ Std., Abstieg 1½ Std.
Einkehr: Schlicker Alm, Pfarrachalm.

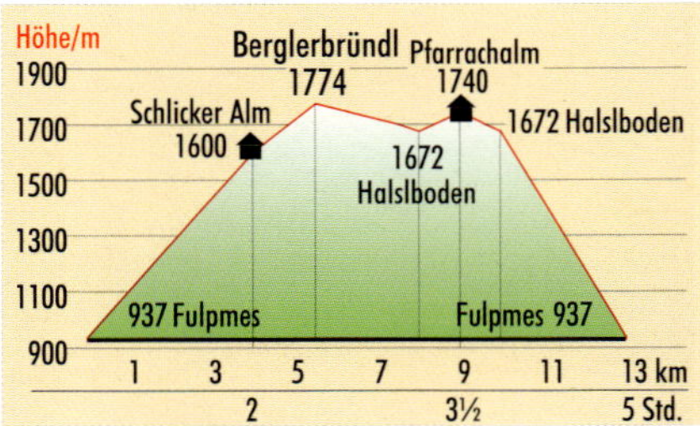

Karte: KOMPASS Nr. 83.

In der Gegend zwischen der Marchreisenspitze und der Saile trieben die Hexen ihr Unwesen am schlimmsten – davon waren die Talbewohner jedenfalls durch Jahrhunderte überzeugt. Ein bisschen »entrisch« ist es im Plövenloch, dem urigen Graben des Schlicker Bachs, und in den schroffen, 1947 von einem Waldbrand versengten Abhängen der Kalkkögel noch heute...

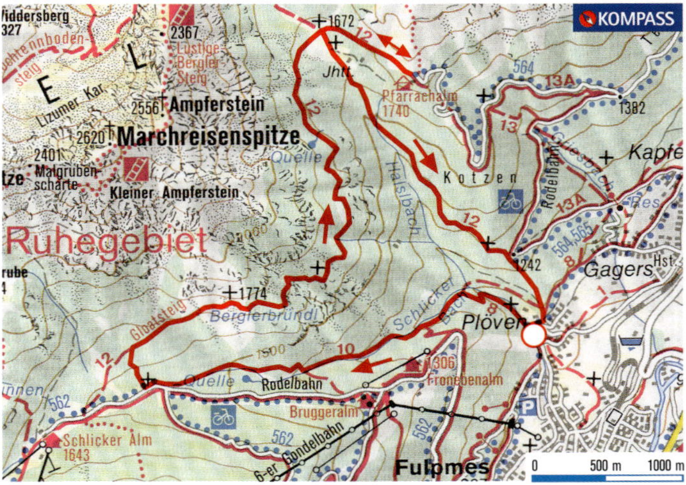

Durchs Reich der Kalkkögel zur Pfarrachalm.

Von der Bahnstraße in **Fulpmes** wandern wir auf der bergwärts abzweigenden Fachschulstraße neben dem Plövenbach in den Ortsteil **Plöven.** Bei der Metallwarenfirma Span geradeaus Richtung »Schlicker Alm« und auf der Forststraße in zwei Kehren zum **Kraftwerk** hinauf. Bei der Einmündung des Lüderitzsteiges nach dem Wegweiser »Froneben« weiter. Bei der nächsten Abzweigung geradeaus Richtung »Schlicker Alm« und neben dem Schlicker Bach aufwärts. Bei der Einmündung des Pfades von Froneben rechts empor und in Serpentinen zu einem kleinen Waldboden. Bald darauf erreicht man die ebene Wiese am Waxeck, wo unser Steig in die Forststraße zur nahen **Schlicker Alm** mündet. Gleich danach zweigt rechts ein Weg ab (Beschilderung »Berglerbründl, Pfarrachalm«), der zum quer verlaufenden **Gloatsteig** hinaufzieht. Auf diesem nach rechts durch Wald, Latschenhänge und zwei sehr steile Schrofenflanken (Drahtseil); dazwischen sprudelt das Bergerbründl neben einer Rastbank. Im Auf und Ab durch die steilen Waldflanken und Schluchten unter dem Ampferstein, bis man zum **Halslboden** (Isse) absteigt. Geradeaus über die dortige Wegkreuzung und im sanften Anstieg durch den Waldhang zur **Pfarrachalm.**

Wieder zurück zum **Halslboden.** Nun jedoch links abbiegen, zum Ursprung des Halslbachs hinab und dann auf breitem Weg hoch über dem Tal zu einem Gatter und zur Forststraße: Auf dieser kurz rechts zu einer Kehre, dort rechts abzweigen und auf einem steilen Waldpfad – den Lüderitzsteig querend – nach **Plöven** hinunter. Rechts zum Plövenbach und nach **Fulpmes** zurück.

35

Jochkreuz, 2045 m

Eine Almentour am Rand der Kalkkögel

Ausgangspunkt: Telfes im Stubai, 987 m (Bahnhof, Bushaltestelle). Eventuell Rückfahrt von Kreith mit der Stubaibahn.
Charakter: Abwechslungsreiche Bergwanderung auf guten Wegen und Steigen, stellenweise jedoch durch steile Hänge.
Gehzeit: Zum Jochkreuz 3 Std., zur Raitiser Alm 1–1½ Std., Abstieg nach Raitis 1 Std.

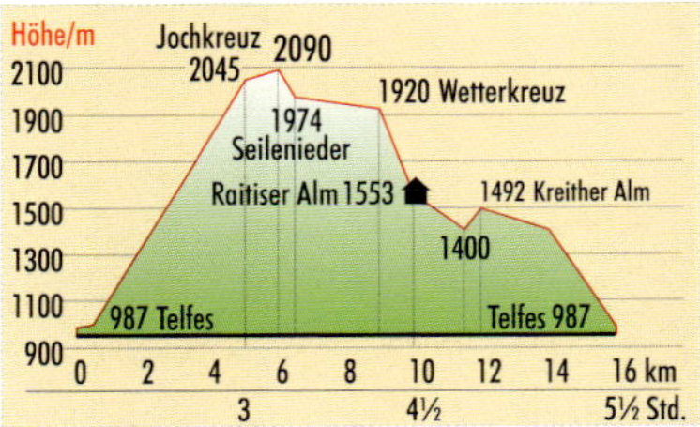

Einkehr: Raitiser Alm, Scheipenhof.
Karte: KOMPASS Nr. 83.

Das Nederjoch, mit dem der Kamm der Kalkkögel im Osten verebbt, gehört nicht zu den bekanntesten Tiroler Tourenzielen. Eigentlich schade, den von seinem nochmals nach Osten abgesetzten »Jochkreuz« bietet sich eine überraschend weite Aussicht, die auch die Landeshauptstadt inkludiert. Der schönste Weg dorthin beginnt in **Telfes**, wo man zunächst zur Pfarrkirche, dahinter links zum Friedhof und sofort wieder nach rechts geht. Bei der folgenden Abzweigung links in Richtung »Kapfers« aufwärts. Über die Bahnlinie und auf dem Schotterweg in den Ortsteil **Kapfers** und auf der Straße rechts zum Garerhof. Ab hier folgen wir den Wegweisern »Jochkreuz«: Links hinauf, an einem weiteren Bauernhof vorbei und auf einem steilen Karrenweg dann zum Waldrand, wo wir rechts abzweigen. Vorbei an einem Bildbaum, bei dem man einen Weg kreuzt, und auf einem schönen Waldweg

Im Leuchten der Berge: das Jochkreuz.

zu einer Forststraße, der man kurz nach rechts folgt (Quelle). Dann auf dem links abzweigenden Weg bis zur nächsten Wegteilung, von der man links zur unteren von zwei großen Wiesen (Burganna Mahdl) ansteigt. Hier erreicht man wieder eine Forststraße, deren Kehren abgekürzt werden. Ab der oberen Wiese folgt man der Straße ein letztes Mal, wandert dann rechts auf den Bergrücken (Kreuz) und über eine Steilstufe zur Waldgrenze. Rechts an den Lawinenverbauungen vorbei und über einen letzten Kammaufschwung zum eingezäunten **Jochkreuz**.

Aus der nahen Scharte führt der Steig rechts durch die mit Latschen bewachsene Nordseite des **Nederjochs** in die Senke der **Sailenieder**. *Achtung*: ohne Beschilderung rechts durch die Wiesenmulde und an einem kleinen Kreuz vorbei. Nach 200 m erreicht man einen Wegweiser: Man könnte nun rechts auf dem direkten, aber sehr steilen Steig zur Kreither Alm absteigen – länger, aber schöner ist die obere Route Richtung »Raitiser Alm«. Sie führt durch die steilen, stellenweise felsigen Gras- und Latschenhänge der **Saile (Nockspitze)** und des vorgelagerten **Spitzmandls**. Knapp unter dem **Wetterkreuz** am Hühnernock erreichen wir den Kamm, auf dem wir rechts zur **Raitiser Alm** hinabgehen. Nun wandern wir rechts auf dem beschilderten Forstweg in den Sagbachgraben und – kurz nach rechts ansteigend – zur **Kreither Alm**. Von dort gelangt man auf dem Steig Richtung »Telfes« zu einer nahen Forststraße und dann im sanften Abstieg quer durch den Nederamtswald bis zum Aufstiegsweg, auf dem man nach **Telfes** zurückkehrt. Kürzer ist der Abstieg auf der Forststraße nach **Kreith** (Haltestelle der Stubaibahn).

Telfer Wiesen

Ein kleines Paradies

Ausgangspunkt: Kreith bei Mutters, 991 m (Bahnhaltestelle). Zufahrt von Innsbruck über Mutters.
Charakter: Einfache Wanderung auf Forststraßen und breiten Waldwegen.
Gehzeit: Nach Telfes 1½ Std., Rückweg über den Stockerhof 1½ Std.
Einkehr: In Telfes, Stockerhof.
Karte: KOMPASS Nr. 83.

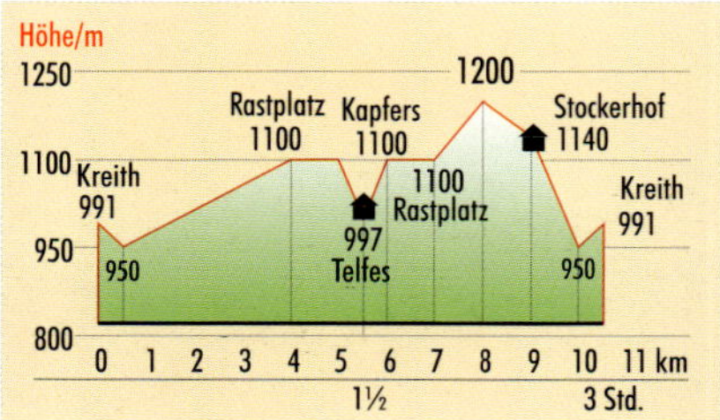

»Eine kleine Bahn fährt zwar von Innsbruck auf direktem Weg in den ersten Stock zu seinem Beginn als breites Tal. Doch auf der Straße gleicht der Weg ins Stubai dem Weg der Neuen Musik: er führt über Schönberg.«

Die Telfer Wiesen sind auch mit dem Bike ein Erlebnis.

Wie es einst Hans Weigel formulierte, so ist es gottlob noch immer: Der Weg über die Telfer Wiesen, die – von lichten Lärchenbeständen durchsetzt – schon frühzeitig im Jahr zu blühen beginnen, gehört nach wie vor allein Straßenbahnfahrern und Spaziergängern. Von der **Bahnstation Kreith** wandern wir kurz auf der Straße nach Süden aufwärts, zweigen dann links Richtung Telfes ab und gehen – an einem Haus vorbei – zu den Schienen und in den **Sagbachgraben** hinunter. Auf der Schotterstraße links über den Bach, unter der Trestleworkbrücke der Bahn durch und über den Bahnübergang zur nächsten **Bedarfshaltestelle.** Auf dem Fahrweg über zwei Anhöhen, dann durchquert man die **Telfer Wiesen,** auf denen sich – weitab jeder Besiedlung – ebenfalls eine Haltestelle befindet. Hier tut sich auch ein herrlicher Blick zur Serles und bis in den vergletscherten Talgrund auf. Der sanft ansteigende Fahrweg erreicht die ersten Häuser von **Kapfers,** einem Ortsteil von **Telfes.** Wer von dort per Bahn zurückfahren möchte, zweigt kurz darauf links ab und geht zum Bahnhof im Ortszentrum hinunter.

Eine schöne Runde ergibt sich dagegen, wenn man zuvor – nach einem **Kreuz** am Waldrand (Bänke) – scharf rechts abzweigt und dem Wegweiser »Stockerhof« aufwärts folgt. Bei der nächsten Wegteilung rechts hinab und zum **Gasthaus Stockerhof.**

Dort rechts über die Wiese, auf dem Hohlweg zum **Sagbach** hinunter und vor der Eisenbahnbrücke links nach **Kreith** zurück.

Saile (Nockspitze), 2404 m

Auf das Innsbrucker Bergwahrzeichen

Ausgangspunkt: Axamer Lizum, 1564 m (Bushaltestelle). Zufahrt von Birgitz oder Axams.
Charakter: Lohnende Gipfelwanderung auf stellenweise steilen und schmalen Steigen.
Gehzeit: Aufstieg 2 Std. (mit der Sessellift-Auffahrt zur Birgitzköpflhütte 1–1½ Std, Abstieg 2-2½ Std.
Einkehr: Birgitzköpflhütte, Birgitzer Alm.

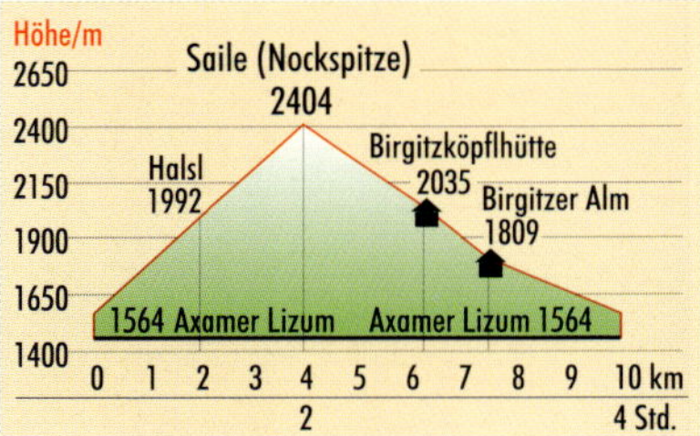

Karte: KOMPASS Nr. 83.

Von Norden eine schroffe Felsflucht, von Süden ein steiler Wiesenbuckel: Die Saile, neben dem Patscherkofel und der Serles das dritte Bergwahrzeichen im Süden von Innsbruck, fasziniert mit ihrem Janushaupt.

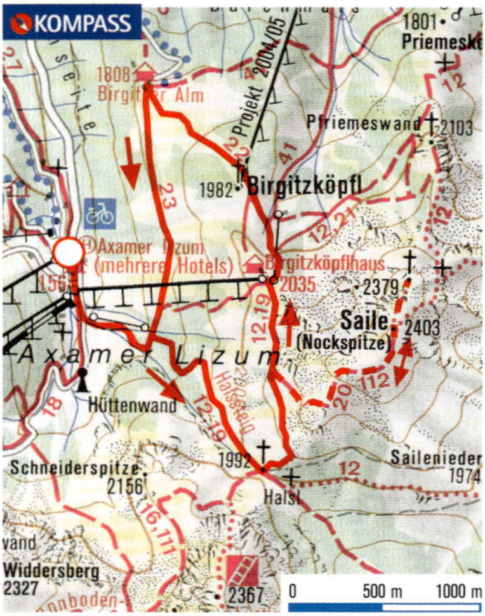

Von der **Axamer Lizum** gehen wir zu den Liftstationen und danach links (Wegweiser »Halsl, Nockspitze«) auf einen Lawinenschutzdamm, von dem wir bald rechts abzweigen. Hoch über einem Graben zum **Halsl** hinauf. Nun links auf dem ausgewaschenen Steig Richtung Birgitzköpflhütte. Bei der folgenden Abzweigung (die man auch von der Liftstation neben der Hütte in Kürze erreicht) nach rechts (Wegweiser »Saile«) und durch einen Latschenhang zum **Südwestgrat** der Saile. Zuletzt durch grasiges Gelände zum großen **Gipfelkreuz**.
Der Übergang zum Kreuz auf dem nach Norden vorgeschobenen **Vorgipfel** (Tiefblick auf Innsbruck) ist kurz, aber luftig.
Abstieg erst auf der gleichen Route, dann nach rechts und

Die Saile, gesehen von der Hochtennspitze.

zwischen Lawinenverbauungen zum **Bigitzköpflhaus** (den Abstieg durch die sehr abschüssige Ostflanke und links über die felsige Pfriemeswand sollten nur absolut trittsichere und schwindelfreie Leute ins Auge fassen). Auf dem breiten Weg zum nahen Birgitzköpfl-Kreuz und über den Latschenhang zur **Birgitzer Alm** hinunter. Hier links abzweigen und auf dem schmalen Bründlsteig durch den steilen Waldhang in die Axamer Lizum zurück.

Almenrunde um die Saile (Nockspitze)

Wie oben beschrieben zum Halsl, dort jedoch geradeaus Richtung »Pfarrachalm«, an der kleinen Halsl-Kapelle vorbei und zwischen bizarren Dolomittürmen quer durch die stellenweise kahlen Steilhänge der Saile zur Sailenieder. Nach links und wie bei Tour 35 zur Raitiser Alm. Knapp davor, in einem Waldsattel, links abzweigen und auf einem Fahrweg zur Mutterer Sennalm. Dort links auf die Forststraße Richtung Birgitzer Alm abzweigen. Nach einem kurzen Waldpfad (Skipiste) erreicht man den Graben des Geroldsbachs. Hier empfiehlt sich der kurze Abstecher rechts zur Birgitzer Alm – unsere Route zieht dagegen links durch den Graben hinauf. Nach 500 m zweigt rechts ein Weg zur Birgitzer Alm ab. Von dort auf dem Bründlsteig zum Ausgangspunkt zurück (5–6 Stunden).

Hoch über der Axamer Lizum

Im Bann der Nordtiroler Dolomiten

Ausgangspunkt: Axamer Lizum, 1564 m (Bushaltestelle). Zufahrt von Birgitz oder Axams.
Charakter: Bergwanderung in grandioser Gebirgskulisse; gute Wege und stellenweise schmale Steige, die Trittsicherheit erfordern.
Gehzeit: 3½ Std.
Einkehr: Unterwegs keine.
Karte: KOMPASS Nr. 83.

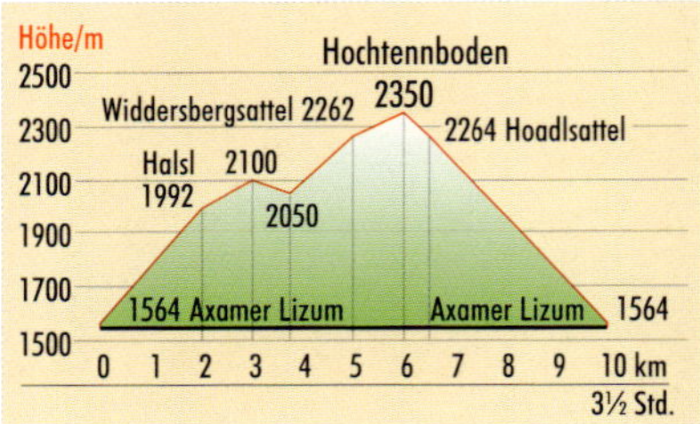

Diese Wanderung »in ersten Stock« der Kalkkögel gilt als Klassiker unter den schönsten Routen im Raum Innsbruck: Wie bei Tour 37 ins **Halsl.** Nun rechts kurz Richtung Ampferstein hinauf, dann rechts abzweigen und durch eine Grasmulde in einen breiten Sattel (rechts ist ein kurzer wegloser Abstecher zum Gipfelkreuz der **Schneiderspitze** empfehlenswert). Nach einem kurzen Abstieg quert man die Schutthalde unter den felsigen Nordabstürzen des Amp-

Wandergenuss hoch über der Axamer Lizum.

fersteins (Steinschlaggefahr) und steigt dann durch das grüne Lizumer Kar zum **Widdersbergsattel** an (rechts kurzer Abstecher über einen Rasenkamm auf den **Widdersberg**). Bei der dortigen Wegteilung nach links, auf schmalem Steig durch den Schutt unter den Felsen der Malgrubenspitze abwärts und dann durch weniger steile Grashänge zum ausgedehnten Grasplateau des **Hochtennbodens** hinauf. Nach der Beschilderung »Hoadl« auf einem gut angelegten Weg quer durch die steilen Schrofen- und Grashänge über der Kemater Alm zum **Hoadlsattel** hinab. Dort rechts auf der Schotterstraße durch die Lizumer Grube (Skipiste, stellenweise Abkürzungspfad) zum **Ausgangspunkt** hinunter.

Hochtennspitze, 2549 m

Sie ist die am einfachsten erreichbare Spitze im Zentrum der Kalkkögel und bietet eine gewaltige Rundsicht vom Karwendel über den Oplerer und den Habicht bis zu den Sellrainer Bergen. Vom Hochtennboden weisen Markierungspflöcke im Boden über einen grasigen Hang hinauf; dann gelangt man neben dem schroffen, von bizarren Türmen flankierten Nordgrat zu einem Felsaufschwung. Rechts im kurzen Abstieg zu einer steilen Schutthalde, über die man zum Grat ansteigt (stellenweise unangenehm sandig und erdig). Links problemlos zum nahen Gipfelkreuz (30 Min.). Abstieg auf der gleichen Route.

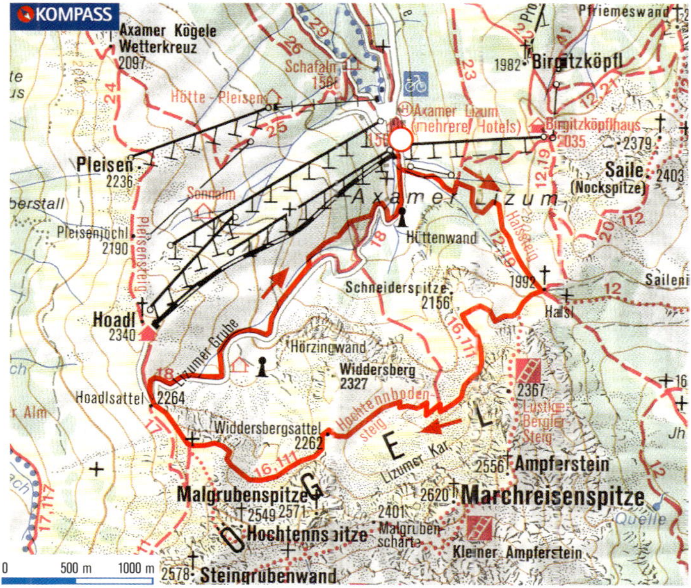

Salfeins, 2000 m

Ein See mit »Dolomitenblick«

Ausgangspunkt: Grinzens, 946 m (Bushaltestelle). Gebührenpflichtiger Parkplatz beim Sport-Café.
Charakter: Einfache Bergwanderung zu einem fantastischen Aussichtspunkt; Forststraßen sowie stellenweise schmale und steile Waldpfade.
Gehzeit: Aufstieg 3 Std, Abstieg 2 Std.
Einkehr: Unterwegs keine.

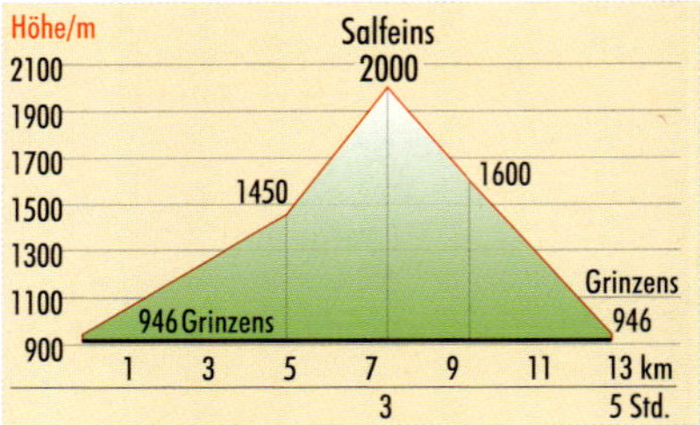

Karte: KOMPASS Nr. 83.

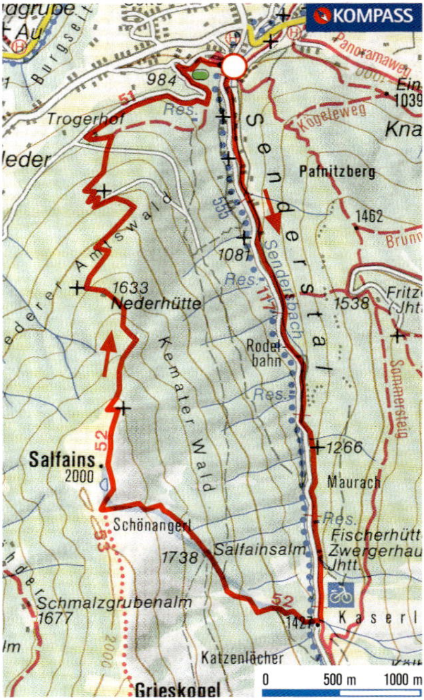

Ein Platz zum Träumen: Stille und Weite ringsum, ein Horizont von der Zugspitze bis zu den Sellrainer Dreitausendern – und in einer stillen Lacke spiegelt sich die Zackenparade der Kalkkögel... Der Weg zum nördlichen Eckpunkt des Fotscher Kammes ist nicht schwierig: Man wandert auf der anfangs noch asphaltierten Straße Richtung Kemater Alm durch das bewaldete **Sendersbachtal** hinauf, vorbei an zwei Holzkapellen. Nach 4 km erreicht man die freien Flächen der Wechselmähder (Kaserl). Kurz nach dem Weiderost rechts über die Brücke (Wegweiser »Salfeins Alm, Salfeins«) und auf der ansteigenden Forststraße durch den Wald zu einer Wiese. Bei der dorti-

Da werden selbst die Dolomiten neidisch!

gen Abzweigung nach links, nach wenigen Schritten scharf rechts auf den beschilderten Wanderweg abzweigen und durch eine breite Waldschneise hinauf. An einer Straßenkehre vorbei und zur Hütte der **Salfeinsalm.** Nach dem Wegweiser »Salfeins« durch lichten Zirbenwald auf eine Anhöhe (Kreuz), links durch Mulden in ein grünes Hochtal und schließlich rechts zum kleinen See am **Schönangerl.**

Darüber erhebt sich die höchste Kuppe auf **Salfeins.**

Abstieg zum nach Norden vorgelagerten Kreuz (»Figl«) und auf dem Waldrücken zur Wiese mit der **Neder-Jagdhütte.** Auf dem Steig durch den Nederer Amtswald – vorbei an einer Quelle – zu einem Forstweg, auf dem man rechts nach **Grinzens** absteigt.

Schaflegerkogel, 2405 m

Auch von der Kemater Alm aus empfiehlt sich Salfeins als Tourenziel. Ist man durch das Senderstal zur Abzweigung hinabgewandert und zum Schönangerl aufgestiegen, kann man anschließend den östlichen Fotscher Kamm überschreiten: Stets die Kalkkögel vor Augen, geht es über den Grieskogel, den Breitschwemmkogel und den Angerbergkopf bis zum Kreuz auf dem Schaflegerkogel – anfangs auf einem Pfad, später weglos durch Gras- und Blockgelände. Schließlich steigt man erst rechts, dann links neben dem scharfen Grat ins Kreuzjöchl ab, wendet sich auf dem Weg Nr. 119 links ins hintere Senderstal hinab und gelangt schließlich auf einem rauen Fahrweg zur Kemater Alm zurück (insgesamt ca. 6 Std., Trittsicherheit notwendig).

Gamskogel, 2659 m

Zwischen Dolomit und Gletscherglanz

Ausgangspunkt: Kemater Alm, 1673 m. Zufahrt von Grinzens auf der mautpflichtigen Schotterstraße durch das Senderstal.
Charakter: Einfache und landschaftlich sehr eindrucksvolle Bergwanderung auf Fahrweg und guten Steigen. Eine kurze Passage ist etwas ausgesetzt, der Gipfelanstieg unmarkiert.
Gehzeit: Zur Adolf-Pichler-Hütte ¾ Std., auf den Gamskogel 2 Std, Abstieg 2 Std., über das Sendersjöchl 2½ Std.
Einkehr: Kemater Alm, Adolf-Pichler-Hütte.
Karte: KOMPASS Nr. 83.

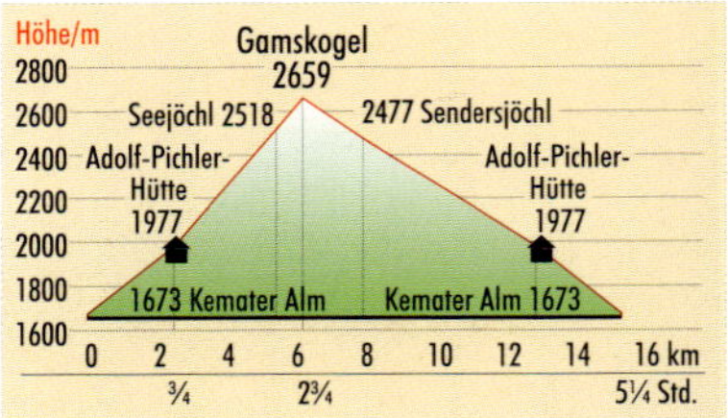

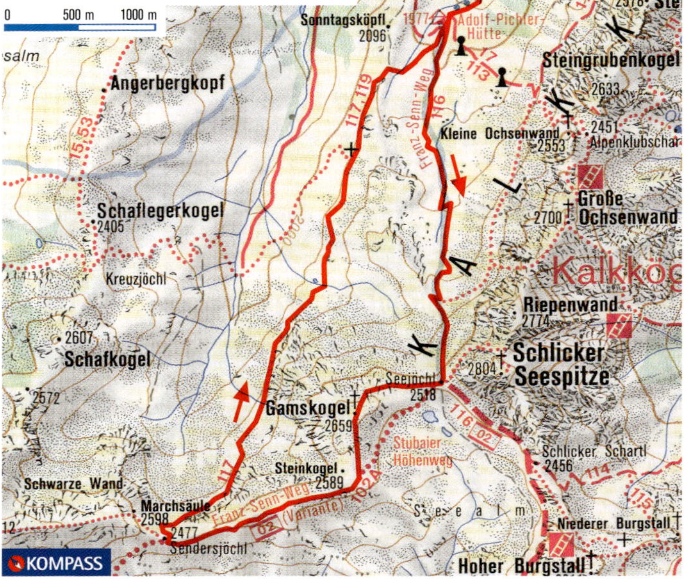

Nochmals die Kalkkögel, diesmal über der Kemater Alm.

Auch die Westseite der Kalkkögel zieht alle Blicke auf sich – von der Steingrubenwand über die Schlicker Türme, die fast an die Guglia di Brenta erinnern, bis zur Schlicker Seespitze, dem höchsten der kantigen Klötze. Von der **Kemater Alm** wandern wir auf dem Fahrweg ins Griesbachtal und zur **Adolf-Pichler-Hütte** hinauf. Weiter geht es auf dem Franz-Senn-Weg (Wegweiser »Starkenburger Hütte, Franz-Senn-Hütte«, Nr. 116), der durch herrliche Wiesenmulden unterhalb der Kalkkögel nach Süden ansteigt. Vom obersten Boden (Quelle) ersteigt man einen dunkelfelsigen Kamm, der kurz bis zum großen hellen Schuttfeld am Fuß der Schlicker Seespitze überschritten wird. Schräg durch das Geröll ins **Seejöchl** hinauf. Rechts abzweigen und auf unmarkierten Steigspuren über den Rücken – hoch über den beiden Schlicker Seen – zum Gipfelkreuz des **Gamskogels.**

Rückweg auf der gleichen Route. Man könnte jedoch auch weglos nach Süden und dann links haltend gegen die Mulde der Seealm absteigen, bis man den Franz-Senn-Weg erreicht: Folgt man ihm nach rechts, gelangt man um den Steinkogel herum und im sanften Abstieg zum **Sendersjöchl** unter der dunklen Marchsäule. Dort zweigt rechts der Pfad Nr. 117 ab, der nordseitig zwischen Felsen hinabführt und dann hoch über dem Senderstal steile Geröllhalden durchquert (bei Schneelage gefährlich). Durch Wiesenhänge erreicht man die Einmündung eines Weges aus dem Talgrund und wenig später einen Sattel vor dem **Sonntagsköpfl,** hinter dem man zur **Adolf-Pichler-Hütte** gelangt.

Potsdamer Hütte, 2009 m

Almenschaun' im Fotscher Tal

Ausgangspunkt: Alpengasthof Bergheim im Fotscher Tal, 1464 m. Zufahrt von Sellrain oder Grinzens (Schotterstraße).
Charakter: Einsame Alm- und Höhenwanderung auf guten, aber stellenweise steilen und schmalen Steigen. Man kann von der Potsdamer Hütte auch direkt durch das Fotscher Tal absteigen.

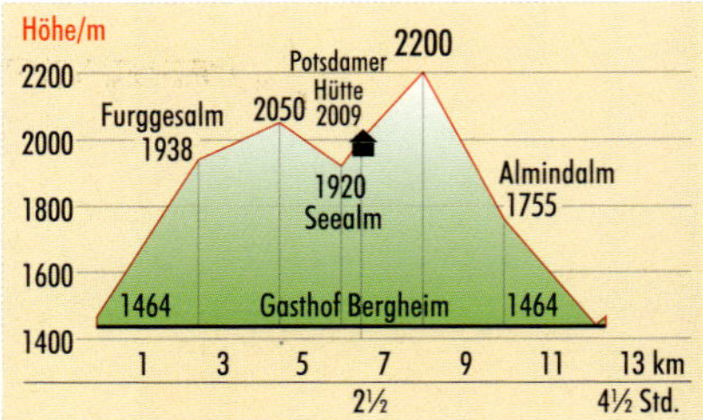

Gehzeit: Über die Furggesalm zur Potsdamer Hütte 2½ Std., über die Almindalm zum Bergheim 2 Std. (direkter Abstieg 1–1½ Std.).
Einkehr: Alpengasthof Bergheim, Hintra Alm, Potsdamer Hütte.
Karte: KOMPASS Nr. 83.

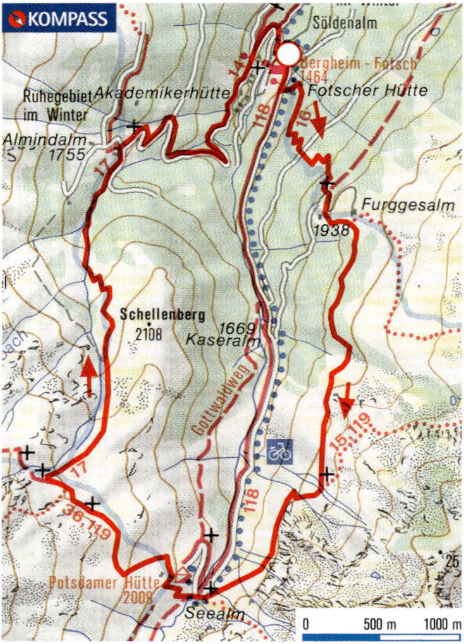

Spektakuläre Szenerien wird man in der Fotsch, die bei Sellrain ins gleichnamige Tal mündet, vergeblich suchen. Dafür umfängt uns bald die Stille, wenn wir vom Parkplatz vor dem **Alpengasthof Bergheim** auf der Forststraße Richtung Potsdamer Hütte wandern. Kurz nach der Rechtskurve über dem Bergheim links auf den beschilderten Waldpfad Richtung »Furggesalm« abzweigen, an der **Fotscher Hütte** vorbei und durch den steilen Waldhang zur **Furggesalm** hinauf. Auf dem markierten Wan-

Die Potsdamer Hütte, ein Ziel für die ganze Familie.

derweg kurz über die Wiese hinauf und bei der oberen Hütte rechts abzweigen. Etwas ab- und wieder ansteigend durch herrlichen Zirbenwald, quer über freie Hänge und von einer Abzweigung rechts zur **Hintra Alm** (Seealm) im sumpfigen Talgrund hinab. Auf der Brücke über den Fotscher Bach und links auf dem Abkürzungssteig zur **Potsdamer Hütte** hinauf.

Nun nach dem Wegweiser »Roter Kogl« einem anfangs schwach ausgeprägten Pfad über Weidehänge hinauf und bei der Abzweigung zum Kastengrat rechts weiter. Nach zwei Anhöhen (Kreuz) erreicht man dann direkt unter dem felsigen Kastengrat eine Wegteilung bei einem Bach: Rechts nach der Beschilderung »Almindalm, Fotscher Bergheim« in den Graben hinab und durch den Wald zur Wiese unterhalb der **Almindalm.**

Dort erreicht man eine Forststraße, die in Kehren zum Parkplatz beim **Fotscher Bergheim** hinabführt.

Die einsamen Berge über den Fotscher See ein

Wer einsame Berge und den Zauber kleiner Seen liebt, sollte von der genannten Abzweigung beim Bach unter dem Kastengrat links hinaufwandern. So gelangt man in ein breites, buckeliges Kar (Widersberg), in dem jeden Sommer Pferde und Schafe weiden. Hier teilt sich der Pfad nochmals: Geradeaus steigt man über die Hänge der Schafalm zum 2332 m hohen Roten Kogel an, rechts geht's nach der Felsaufschrift »Sömen« auf eine Kuppe im Norden des Gipfels (von der Hütte jeweils 2½ Std.). Beide Routen führen an kleinen, z. T. verlandenden Seen vorbei, die auch für sich ein lohnendes Tourenziel bilden. Auf einer Graskuppe über dem untersten der Wasseraugen erinnert ein Gedenkstein an die Todesopfer einer winterlichen Flugrettungsaktion. Abstieg jeweils auf der gleichen Route (1½ – 2 Std.).

42

Fotscher Windegg, 2577 m

Zur sonnigen Juifenalm

Ausgangspunkt: Juifenau, 1381 m. Parkplatz ca. 500 m südlich des Weilers (Bushaltestelle etwas unterhalb).
Charakter: Herrliche Bergwanderung auf der Forststraße und guten Bergsteigen.
Gehzeit: Zur Juifenalm 1½–2 Std., auf das Windegg 1½ Std., Abstieg 2½ Std.
Einkehr: Juifenalm.

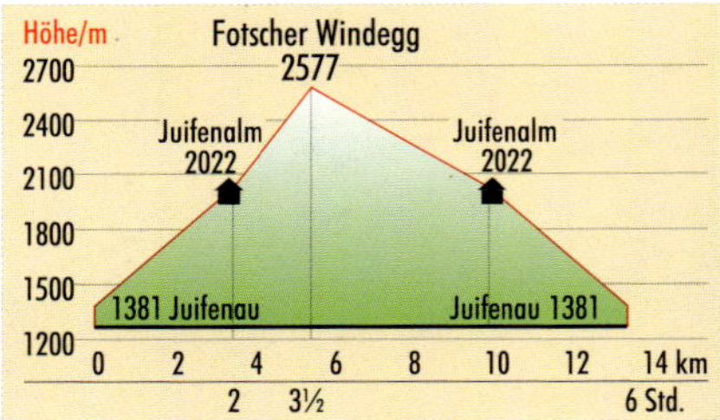

Karte: KOMPASS Nr. 83.

Den Skitourengehern ist der wuchtige Almberg zwischen der Fotsch und Lüsens ein Begriff, und sogar die Rodler durchbrechen auf der **Juifenalm** die 2000-m-Linie. Doch auch in der schneefreien Zeit ist der beschilderte Almzugang sehr lohnend: Er zweigt bei einer **Werkzeughütte** von der Talstraße ab, führt an einem Haus vorbei und schängelt sich dann in weiten Kehren durch den Wald hinauf. Nach der ersten Rechtskurve und ab der Jagdhütte im mittleren Bereich gibt es auch einen markierten Abkürzungsweg. Oberhalb der Waldgrenze erreicht man die **Almhütte.** Links auf dem beschilderten Steig in die Rossgrube hinauf

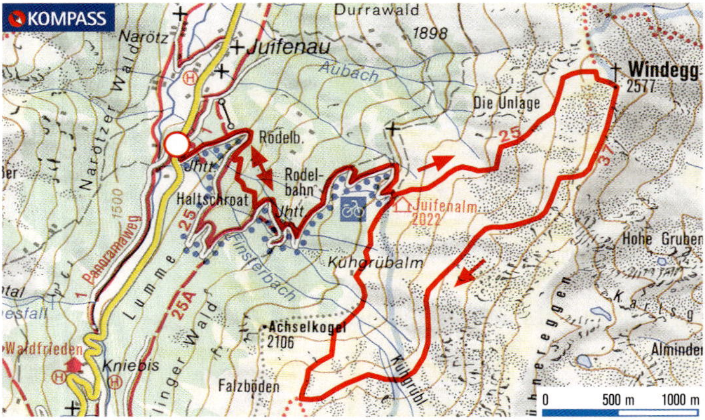

Karwendelblick (Bild oben) und Buschlabyrinth (Bild unten) am Windegg.

und im schrägen Anstieg über die »Unlage« zu einem Rücken. Rechts zum Gipfelkreuz auf dem **Windegg** empor.

Abstieg auf dem Grat nach Süden, rechts hinab und durch die felsigen Hänge der Hühnereggen zu einem **Kreuz** hoch über der Juifenalm (»Kreuzschröfen«). Weiter im schrägen Abstieg ins Kühgrübl und zur Wegkreuzung am Rand der Weideflächen »Auf den Sömen«: Rechts abzweigen, steil zur Hütte der **Kühgrüblalm** hinab und eben zur nahen **Juifenalm.** Auf der Straße bzw. dem Abkürzungsweg wieder in die **Juifenau** hinunter.

Zischgeles, 3004 m

Der »Wander-Dreitausender« über Praxmar

Ausgangspunkt: Praxmar, 1689 m. Zufahrt von Gries im Sellrain (Bushaltestelle).
Charakter: Mäßig schwierige Bergtour auf guten und markierten Steigen; im Gipfelbereich ist Trittsicherheit und Schwindelfreiheit notwendig.
Gehzeit: Aufstieg 3½ Std., Abstieg 2½ Std. (über Dreizeiger 3 Std.).
Einkehr: unterwegs keine.

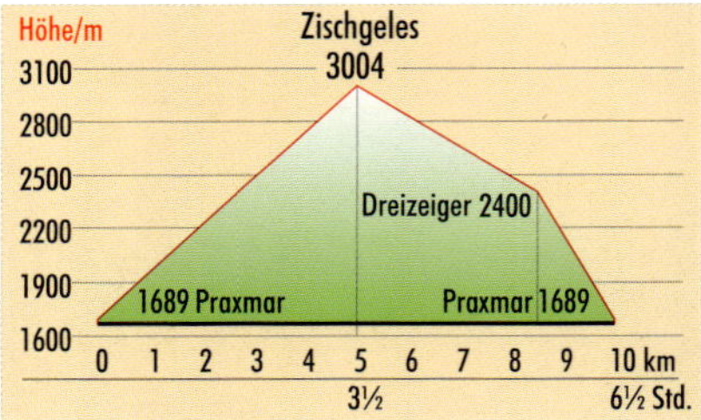

Karte: KOMPASS Nr. 83.

3000 m über dem Meer – ein magisches Ziel, dass »Nur-Wanderen« oft verwehrt bleibt. Nicht so in Praxmar: Der dreikantige Parade-Skitourenberg mit dem seltsamen Namen und der berühmten Aussicht (besonders schön zum gegenüber aufragenden Lüsener Fernerkogel) – weist zwar viel Schutt, aber nur ganz oben ein paar luftige Felsen auf. Wir gehen vom **Gasthof Praxmar** über den Parkplatz, zweigen bei der Station des Sonnenlifts rechts auf den Weg

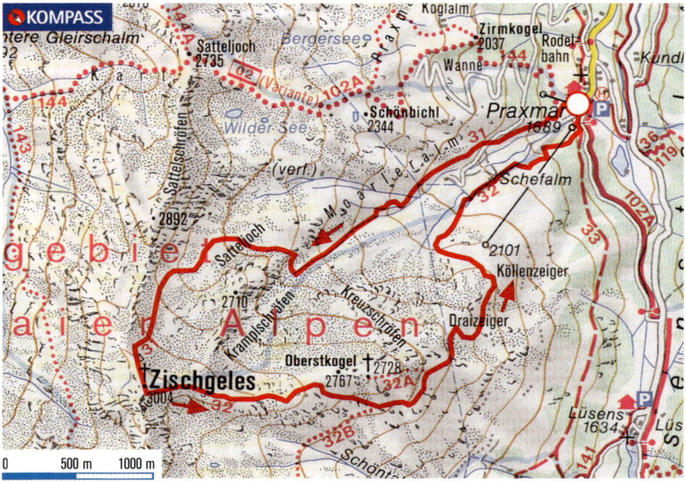

Der gutmütigste aller Sellrain-Dreitausender.

zur Neuen Pforzheimer Hütte (144) ab und schwenken nach wenigen Schritten links auf den Steig Nr. 31 ein (Wegweiser »Zischgeles«). Oberhalb des Moarlerbachs aufwärts, die Straße zur Bachfassung überqueren und ins Kamplloch hinauf. Unterhalb der **Kamplschröfen** nach rechts und durch das breite Kar (Sattelloch) aufwärts. Schließlich rechts durch steiles Felsgelände auf den Blockgrat, über den man dann links zum **Gipfelkreuz** ansteigt. **Abstieg** auf der gleichen Route. Um 1 Stunde länger und ein wenig schwierigerer ist der Steig Nr. 32: Er verläuft über den plattigen Ostgrat und einen Vorgipfel (großer Steinmann), führt durch Schutt und felsiges Gelände rechts um den Oberstkogel herum zu den Steinmännern am »Dreizeiger« und läuft unter dem Köllenzeiger neben dem Hausberglift in Praxmar aus.

Freihut, 2625 m

Eine lohnende Alternative zur Zischgeles-Tour bietet der beschilderte »Kirchsteig«, auf dem die Bewohner von Praxmar einst nach St. Sigmund zum Gottesdienst marschieren mussten: Er quert hoch über dem Tal durch Grashänge und Schrofenflanken zum Jöchlegg, von dem immer wieder Felsstürze und Steinschlagsalven auf Gries losbrechen.
Zuvor zweigt in der »Grube« links ein steiler Steig auf die Freihut ab: Dieser breite Gipfel bietet eine überraschend weite Sicht bis ins Inntal hinaus (3 Stunden, Abstieg 2 Stunden).

Gallwieser Hochleger, 2098 m

Zirbenweg mit Fernerkogelblick

Ausgangspunkt: Praxmar, 1689 m. Zufahrt von Gries im Sellrain (Bushaltestelle).
Charakter: Wunderschöne und einsame Almwanderung auf problemlosen Wegen; ein Stück führt jedoch durch eine sehr steile Waldflanke und brüchiges Schrofengelände (Trittsicherheit und Schwindelfreiheit notwendig).
Gehzeit: 3–4 Std.
Einkehr: in Praxmar und Lüsens.

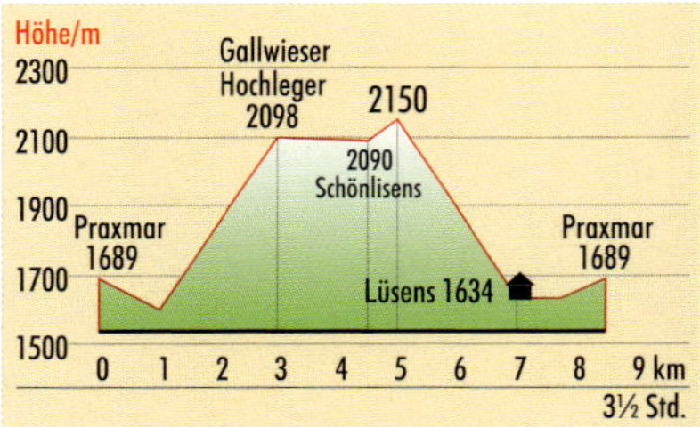

Karte: KOMPASS Nr. 83.

Lüsens zählt sicher zu den eindrucksvollsten Gebieten der Stubaier Alpen. Der Blick von diesem flachen, in einer Urkunde aus dem Jahre 1140 »mons malusinus« genannten Hochtal zum 3298 m hohen Fernerkogel, an den sich der Saum des Lüsener Ferners schmiegt, sucht seinesgleichen. Wer diese Szenerie in aller Muße aus mittlerer Perspektive betrachten möchte, findet auf der Ostseite des Tals einen prachtvollen Höhenweg: Um einen »Straßenhatscher« zu vermeiden, startet man jedoch im gegenüber liegenden Weiler **Praxmar,** von dem man zunächst auf einem beschilderten Weg zum **Fischteich** hinunterwandert.

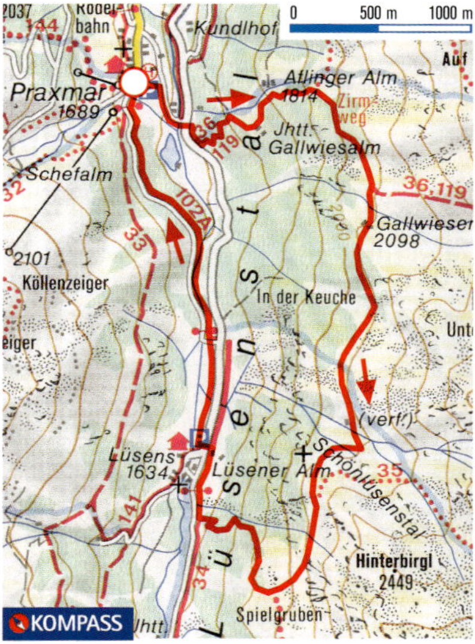

Jenseits der Brücke über die Melach befindet sich ein kleiner Parkplatz: An seinem oberen Ende zweigt links ein schmaler Pfad ab, der sich durch die Waldhänge und über die Lichtung der

Der Lüsener Fernerkogel dominiert auch die Almregion.

Gallwiesalm (Jagdhütte) zur Aflinger Alm emporschlängelt. Weiter oben zweigen wir rechts ab und steigen zu den verfallenen Hütten des **Gallwieser Hochlegers** unter dem Roten Kogel hinauf. Über den Bach und auf eine kleine Anhöhe. Dahinter durchqueren wir auf dem »Zirbenweg« eine sehr steile Waldflanke. Man erreicht wieder flacheres Gelände, doch muss man bald wegen eines Murbruchs einige Meter links hinauf ausweichen.

Nach einem kurzen Abstieg durch brüchigen Schutt gelangt man zur ebenfalls schon längst verfallenen Alm im **Schönlisenstal** am Fuß der Lüsener Villerspitze. Auch hier überschreitet man den Bach, steigt dann gegen das Hinterbrigl an und wendet sich schließlich rechts hinab. In gut angelegten Serpentinen überwindet der Steig eine steile Felsflanke. Bei der Abzweigung in der Spielgruben nach rechts und durch den Wald zur Forststraße im Talgrund hinab. Rechts nach **Lüsens.**

Vor dem Gasthof zweigen wir links auf den schmalen **Amphibien-Lehrpfad** ab. Er schmiegt sich an den linken Rand des flachen Talbodens, tangiert eine Quelle und mündet in eine Forststraße, auf der wir – sanft durch den Wald ansteigend – nach **Praxmar** zurückkommen.

Westfalenhaus, 2276 m

Hinter dem Talschluss geht´s noch weiter!

Ausgangspunkt: Lüsens, 1634 m. Zufahrt von Gries im Sellrain.
Charakter: Einfache Hüttenwanderung auf guten Steigen.
Gehzeit: Aufstieg 2 – 2½ Std., Abstieg 1½ Std.
Einkehr: Westfalenhaus.
Karte: KOMPASS Nr. 83.

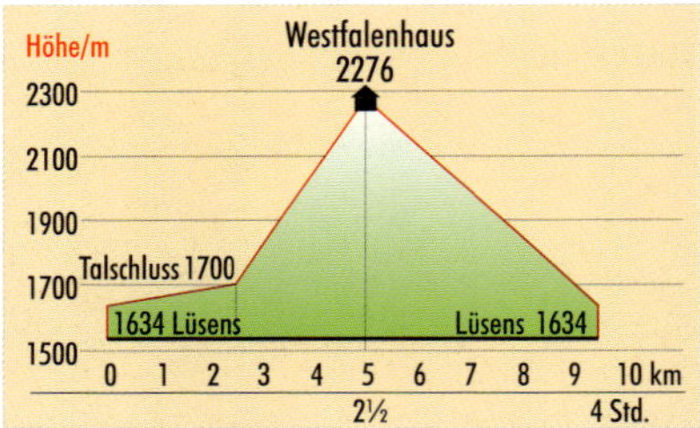

Das 1908 erbaute Westfalenhaus liegt im Längental, das man angesichts der Wucht des davor aufragenden Fernerkogels leicht übersehen könnte. Wer vom Parkplatz beim **Gasthof Lüsens** auf der sanft ansteigenden Forststraße in den Talschluss wandert und nach der Station der Materialseilbahn rechts zum Jugendheim geht, steht am Beginn des beschilderten »Winterweges« zu diesem gemütlichen Schutzhaus. Der Pfad führt über eine bewaldete Steilstufe zum Boden der **Längentalalm.** Dort auf einem

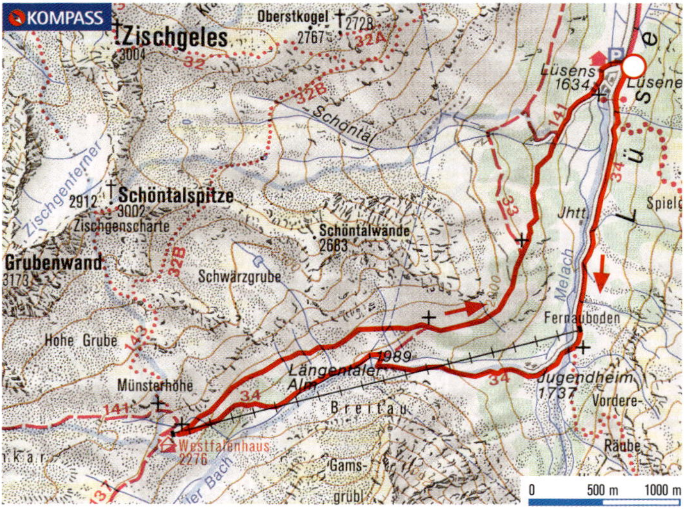

Durchs Längental dem Seeblaskogel entgegen.

Steg über den Fernaubach und zwischen Latschen taleinwärts. Zuletzt steiler zur Kapelle hinauf und links zum nahen **Westfalenhaus.**

Von seiner Terrasse schweift der Blick in den vergletscherten Talschluss unter dem Längentaler Weißenkogel (3217 m), der vom Hinteren Brunnenkogel (3325 m) und dem Hohen Seeblaskogel (3236 m) flankiert wird.

Abstieg: Zurück zur Kapelle, dort jedoch geradeaus auf dem Steig Nr. 141 weiter und hoch über dem Tal durch den Hang hinab, wobei eine brüchige Rinne zu überqueren ist. Zuletzt geht es durch herrlichen Zirbenwald wieder zum **Ausgangspunkt** hinunter.

Schöntalspitze, 3002 m (▼)

Eine »schwarze« Tour für schwindelfreie und vor allem konditionsstarke Bergsteiger: Oben lockt eine Traumaussicht – zur benachbarten, höheren aber unnahbaren Grubenwand, zum gegenüber aufragenden Lisenser Fernerkogel oder zur Pforzheimer Hütte. Vom Westfalenhaus folgen wir kurz dem Weg Nr. 141 Richtung Winnebachseehütte, dann zweigen wir rechts ab und steigen auf dem Pfad Nr. 143 zur Münsterhöhe hinauf (links kurzer Abstecher zum Kreuz). Über einen steilen Hang in die Hohe Gruben und weiter zu einer Wegteilung: Links in ein verstecktes Blockkar (kleiner See), aus dem man mühsam über eine immer steiler werdende Schuttrinne – vorbei an dem kleinen Felszacken in der Mitte – in die enge Zischgenscharte hinaufsteigt. Gleich dahinter – über dem Zischgenferner – rechts über Schutt und ausgesetzte, an zwei Stellen mit Stahlseilen gesicherte Felsplatten zum Gipfelkreuz (2½ Std., Abstieg 1½ Std.).

Neue Pforzheimer Hütte, 2308 m

Der lange Weg zum Gletscherblick

Ausgangspunkt: St. Sigmund im Sellrain, 1513 m (Bushaltestelle).
Charakter: Problemlose Tal- und Hüttenwanderung auf Fahrweg und gutem Steig.
Gehzeit: Aufstieg 2½ Std., Abstieg 2 Std., Abstecher zur Kuhwarte 1 Std. hin und retour.
Einkehr: Gleirschalm, Neue Pforzheimer Hütte.

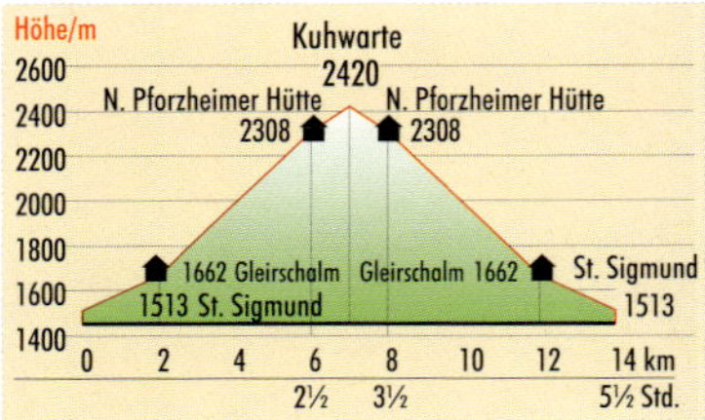

Karte: KOMPASS Nr. 83.

Zwei Gletscher schmücken den hinteren Bereich des Gleirschtals: der kleine, gut unter der Nordseite der Grubenwand und der Schöntalspitze versteckte Zischgenferner und der Gleirscher Ferner unter dem gleichnamigen Kogel (3189 m). Doch auch diesen erblickt man erst nach der Durchwanderung eines langen und einsamen Tals, das sich bei St. Sigmund nach Süden öffnet: Vom **Parkplatz** gehen wir nach der Beschilderung »Neue Pforzheimer Hütte« auf der asphaltierten Straße ins Gleirschtal. Vorbei am

Zischgeles und Schöntalspitze (mit Gletscherfleck) über der Pforzheimer Hütte.

Zwieselbacher Rosskogel, 3082 m (▼)

Im Norden der Hütte erhebt sich dieser fantastische Aussichtsgipfel – ein Leckerbissen für trittsichere Bergsteiger, die einer kräftigen »schwarzen« Tour gewachsenen sind! Sie folgen dem Steig Nr. 145 durch eine grasige Talmulde gegen das Gleirschtörl bergan. Achtung: Nach gut 700 m erreicht man eine unscheinbare Abzweigung, von der man rechts auf Pfadspuren über den Bach ins Wulfeskar gelangt (Wegweiser »Zwieselbacher Rosskogel«; Markierung beachten). Auf dem bald besser ausgeprägten Steig in Kehren über eine sehr steile Schutthalde auf eine Anhöhe. Zwischen einem tief unten gelegenen See und dem obersten Rest des Kraspesferners kurz in einen Sattel hinab und in eine breite Schutt- und Schneemulde hinauf (Mark.: rote Kreuze). Links steil über eine grobe Blockhalde empor und kurz über den Grat zum Gipfelkreuz (2½ Std.).
Abstieg auf der gleichen Route (2 Std.).

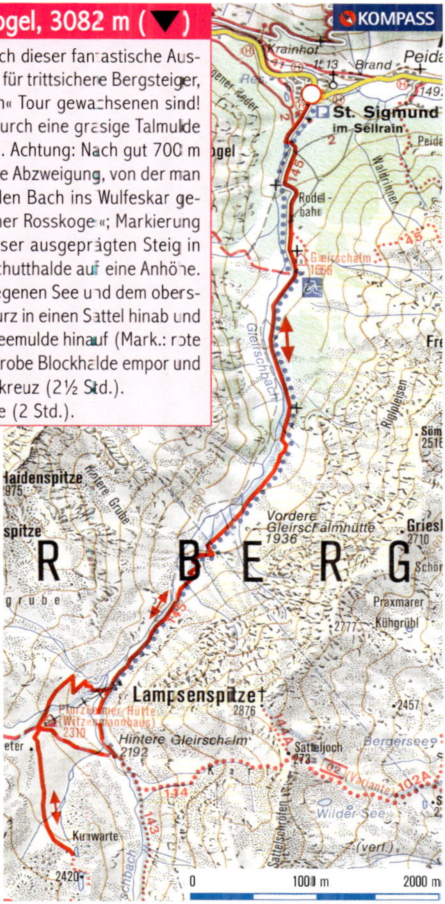

Waldspielplatz, über den Bach und durch Wald zur **Gleirschalm,** 1666 m. Nun auf der Schotterstraße über den Talboden (links Abstecher zur Kapelle bei der Marienquelle). Auf dem Fahrweg neben dem Gleirschbach zur Vorderen Gleirschalmhütte. Die Gebäude waren noch vor 100 Jahren das ganze Jahr über bewohnt. Weiter über den Weideboden und in Kehren in den oberen Talbereich. Hinter der Station der Materialseilbahn rechts über den Bach und auf einem Steig zur bereits sichtbaren **Neuen Pforzeimer Hütte** hinauf. Oder auf dem Fahrweg durch das flache Tal bis zur **Hinteren Gleirschalm,** auf einem unmarkierten Pfad zum Steg über den Bach und rechts im schrägen Anstieg zum **Schutzhaus.**
Es lohnt sich, von dort noch auf dem sanft ansteigenden Pfad zu den kleinen **Gleirschseen** auf der breiten »Kuhwarte« (2420 m) zu spazieren.
Zurück auf der gleichen Route

Sellrain – St. Quirin – Gries im Sellrain

«Adlerhorste« hoch über dem Sellraintal

Ausgangspunkt: Sellrain, 908 m. Rückfahrt von Gries im Sellrain per Bus.
Charakter: Einfache und landschaftlich recht abwechslungsreiche Höhenwanderung auf Straßen, breiten Wegen und schmalen Pfaden (kurze Stellen erfordern Trittsicherheit). Bis St. Quirin unmarkiert, dann gut beschildert.
Gehzeit: Nach St. Quirin 1 Std., nach Gries im Sellrain 2 Std.

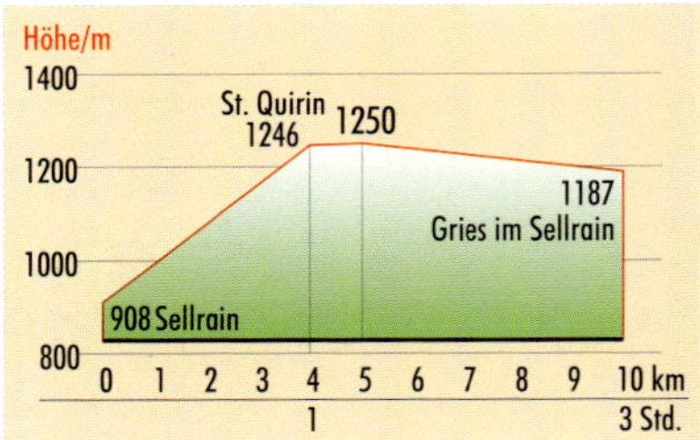

Einkehr: Unterwegs keine.
Karte: KOMPASS Nr. 83.

Wie im Stubai findet man auch im Sellrain Bauernhöfe, die schon vor Jahrhunderten auf den steilen Wiesen der Sonnseite gebaut wurden. Diese Wanderung folgt ihren alten Verbindungswegen. Zum Auftakt statten wir der ebenso exponiert gelegenen Kirche St. Quirin, die bis Innsbruck hinaus zu sehen ist, einen Besuch ab: Von der Kirche in **Sellrain** folgen wir der Straße kurz taleinwärts, bie-

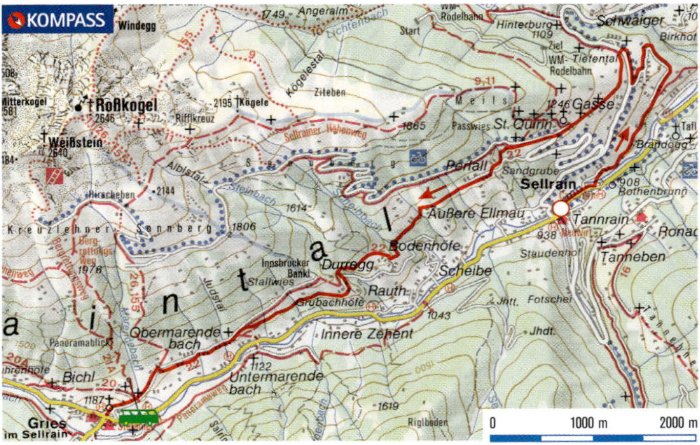

Wer in St. Quirin lebt, muss schwindelfrei sein.

gen dann rechts ab und gehen über die Brücke zum letzten Haus. Links davon auf einem unmarkierten Feldweg in den Wald und zu einer weiteren Asphaltstraße, die links in den Weiler **Gasse** führt. Auf der Querstraße scharf nach rechts abbiegen, nach ungefähr 500 m links Richtung »St. Quirin« und auf dem Kreuzweg schräg durch den steilen Wiesenhang hinauf. Links an einem Stall vorbei und zur Kirche von **St. Quirin.**

Auf der Asphaltstraße zum höchstgelegenen Hof. Wo etwas oberhalb die Forststraße beginnt, links nach dem Wegweiser »Gries i. S.« abzweigen, kurz dem Holzzaun entlang und auf einem Waldweg zu den Höfen von **Perfall.** Auf der Straße nach rechts. Vom letzten Haus stets nach der Beschilderung »Gries« durch sehr steile Wald- und Wiesenhänge nach **Durreck.** Die Zufahrt hinab und rechts auf der Asphaltstraße zum **Grubachhof.** Nochmals auf einem Waldweg zu einer Asphaltstraße, auf der man in den Weiler **Obermarendebach** gelangt. Am Skilift vorbei und nach **Gries im Sellrain** hinab.

Rund um St. Sigmund

Eine kurze, aber zauberhafte Rundwanderung führt vor dem Weiler Peida nordseitig auf einer Forststraße höher, dann links über Wiesen und unter einem Wasserfall vorbei. Kurz abwärts, dann rechts auf dem beschilderten »Enzianweg« nach Haggen. Links zum Gasthof und über die Brücke, danach links auf dem breiten Weg zum stillen Waldsee hinab und zur Straße ins Gleirschtal. Auf dieser rechts über die Brücke, danach links zum Zirmbach hinab und über die Brücke nach Peida zurück (2½ Std.).

Der Sellraintaler Höhenweg

Durch die Sonnenseite der Sellrainer Berge

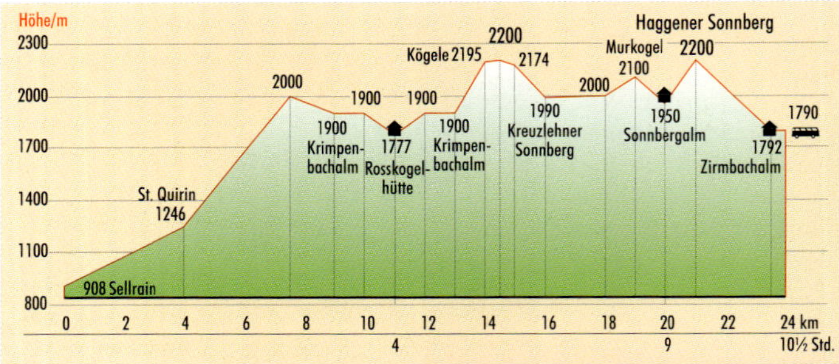

Ausgangspunkt: Sellrain, 908 m. Rückfahrt von der Zirmbachalm oder von Haggen per Bus.

Charakter: Prachtvolle, aber sehr lange Bergwanderung (mindestens zwei Tage) auf breiten Wegen und schmalen Steigen (zwei kurze Passagen sind ausgesetzt, aber gesichert). Nur bei sicherem Wetter gehen!

Gehzeit: Von Sellrain zur Rosskogelhütte ca. 4 Std., von dort zur Sonnbergalm 5 Std. (ohne Abstecher zur Rosskogelhütte 6–7 Std.), zur Zirmbachalm bzw. nach Haggen 1½ Std.

Einkehr: Rosskogelhütte, Sonnbergalm, Zirmbachalm oder Gasthof zu Haggen (Forellenhof).

Karte: KOMPASS Nr. 83.

Roßkogel, 2646 m

Nicht der höchste, wegen seiner berühmten Aussicht jedoch der begehrteste Gipfel über dem Höhenweg: Vom Krimpenbachsattel führt ein Steig neben dem Zaun auf das Windegg (Sender). Über den steilen, aber gestuften Felsgrat – neben einem Kabel und über zwei ausgesetzte Passagen – zum Gipfelkreuz hinauf (von der Rosskogelhütte 2½ Std.). Abstieg rechts zum Sender und einem Marterl, dort links ins Kar und von der nächsten Wegteilung geradeaus zur Hirscheben hinunter (45 Min.). Wer in Stiglreith startet, wandert in 1½ Std. zur Rosskogelhütte und folgt der beschriebenen Route, zweigt jedoch südlich des Gipfels links ab: Durch einen steilen Hang zum Grat, von dem man links auf einem steilen Steig zur Krimpenbachalm absteigen kann. Links zur Rosskogelhütte und zum Ausgangspunkt zurück (3 Std.).

Nach sechs Jahren Vorbereitung wurde 2003 ein 15 km langer Höhenweg über dem Sellraintal eröffnet. Schon die technische Realisierung des Projekts im kirchdachsteilen Gelände war spektakulär: Mit einer »Spinne«, einem geländegängigen Bagger mit einer Art Krallen statt Rädern, trassierte man einen etwa 1 m breiten Weg durch die Südhänge der Berge zwischen dem Sellrain- und dem Inntal. Nur ein paar harmlose Schuttrinnen und zwei etwas ausgesetzte, aber gut gesicherte Schluchtquerungen unterbrechen diese Panoramaroute knapp über und unter der Waldgrenze, die nun auch die Aufforstung lawinengefährdeter Gebiete und die (Wieder)Beweidung exponiert gelegener Almflächen ermöglicht. Wenn man in Sellrain startet, wandert man durch das Bergbauernland um St. Quirin in die Almregion hinauf, überquert einen aussichtsreichen Kamm und nimmt dann die Parade der vergletscherten Gipfel im Süden des Sellraintals ab (besonders eindrucksvoll ist der Blick über Lüsens zum Fernerkogel). Konditionsbolzen schaffen die Route wohl an einem Tag – doch die stets überraschenden Ein- und Ausblicke (und die finale Einkehr in der Sonnbergalm) genießt man bestimmt intensiver, wenn man nach einem relativ kurzen Abstecher in der Rosskogelhütte nächtigt.

Von **Sellrain** wandern wir zunächst auf der Asphaltstraße – oder wie bei Tour 47 – nach **St. Quirin** hinauf. Der Sellraintaler Höhenweg zweigt oberhalb des höchstgelegenen Hofes rechts ab, führt an einem Holzhaus am Waldrand vorbei und wendet sich dann rechts hinauf. Bei einer Abzweigung nach links, zur Lichtung

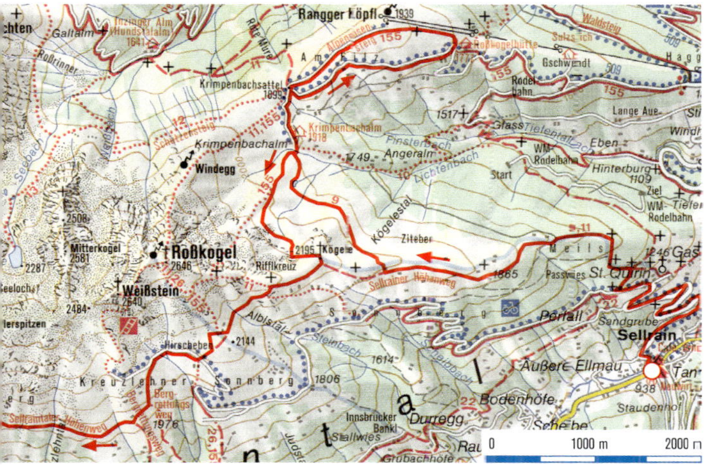

der Passwies (Stadel) und an ihrem rechten Rand empor. Bei einem alten Wetterkreuz erreicht man einen Waldkamm (»Meils«), über den man zu zwei **Almhütten** ansteigt. Durch freies Gelände auf eine Anhöhe (auch hier stand einst ein Wetterkreuz), über eine Senke (Heuhütten) und auf dem sanft ansteigenden Rücken über der Ziteben zu einer Abzweigung: Wer den Höhenweg »in einem« durchgeht, steigt geradeaus über den Rücken zum Gipfelkreuz auf dem Kögele an. Wer auf der Rosskogelhütte übernachtet, geht auf dem rechten Weg östlich unter dem Kögele zur **Krimpenbachalm.** Von dort gelangt man auf einem Fahrweg über den flachen Krimpenbachsattel zur **Rosskogelhütte.**

Anderntag wandert man auf der gleichen Route – oder neben dem Skilift auf das **Ranggener Köpfl** (Sender) und über den flachen Rücken »Am Filz« – zur **Krimpenbachalm.** Hinter der Hütte wählt man den rechten Steig Richtung »Kögele«, zweigt bald (unterhalb eines großen Steinmanns) links ab und gelangt durch ein Kar mit einem verlandendenden See in einen Sattel knapp unter dem **Kögele.** Hier erreicht man wieder den Sellraintaler Höhenweg, der rechts über den Rasenkamm zum **Rifflkreuz** führt. Dort links abzweigen und bald auf dem neu angelegten Weg zum Wiesenplateau der **Hirscheben.** Unterhalb davon erreicht man eine Schotterstraße, der man kurz folgt. Dann geht es links auf dem Weg

Zwei gesicherte Passagen würzen den Höhenweg.

Schroffe Felsspitzen überragen den Haggener Sonnberg.

zu den Wiesen des **Kreuzlehner Sonnbergs** unter dem Weißstein und zur Einmündung des Bergrettungssteigs hinab (diese anfangs kaum kenntliche und dann extrem steile Route bildet einen »Fluchtweg« nach Gries). Nun nach dem Wegweiser »Sonnbergalm« im Auf und Ab in den Wald und über das Kreuzlehntal. Durch felsige Steilhänge an der Waldgrenze zu einer kleinen **Steinhütte** (»Waldteufels Notunterstand«). Am Peider Sonnberg sind zwei schmale und ausgesetzte, aber mit Kunststoffseilen gesicherte Schluchten zu durchqueren; dazwischen überschreitet man die Anhöhe des **Murkogels**. Schließlich steigt man durch Weiden zu einer Straßenteilung ab und gelangt rechts zur nahen **Sonnbergalm.**

In Kehren durch die steilen Hänge des Haggener Sonnbergs auf eine Anhöhe. Nach der Beschilderung »Haggen« über eine Wegkreuzung und in Serpentinen abwärts. Bei der folgenden Wegteilung muss man sich entscheiden: Entweder man steigt auf dem rechten Pfad über steile Wiesenhänge zur bereits sichtbaren **Zirmbachalm** im hintersten Sellraintal ab (Bushaltestelle) – oder man wandert geradeaus auf einem schmalem Steig durch aufgeforsteten Wald zu einer **Werkzeughütte** hinunter; von dort gelangt man links auf der Straße links in den nahen Weiler **Haggen** (Bushaltestelle).

Gschnitztaler Rundtour

Eine »Haute Route« im Osten der Stubaier Alpen

Ausgangspunkt: Steinach am Brenner, 1049 m (Bahnhof, Bushaltestelle), Talstation der Bergeralmbahn. Mit der Seilbahn zur Mittelstation Bergeralm, 1585 m.
Charakter: Anspruchsvolle und über weite Strecken hochalpine Bergtour in 7 Etappen, von denen einige sehr lang sind. Stellenweise ausgesetzte bzw. gesicherte Steige im felsigen Steilgelände oder im Gletschervorfeld; ihre Begehung erfordert nicht nur absolute Trittsicherheit und Schwindelfreiheit, sondern auch alpine Erfahrung. Zusätzlich sollten ein, zwei weitere Tage eingeplant werden. Da alle Hütten aus dem Gschnitztal erreichbar sind, kann die Rundtour auch in beliebigen Teil-Touren »zerlegt« werden. Die Voranmeldung auf den Hütten ist ratsam.
Gehzeit: 1. Etappe 2–2½ Std., 2. Etappe 5–6 Std., 3. Etappe 6–7 Std., 4. Etappe 6–8 Std., 5. Etappe 5–6 Std., 6. Etappe 4 Std., 7. Etappe 3 Std.
Einkehr: Bergeralm, Vallmeritzalm, Trunahütte, Tribulaunhütte, Bremer Hütte, Innsbrucker Hütte, Padasterjochhaus, Blaserhütte.
Karte: KOMPASS Nr. 83.

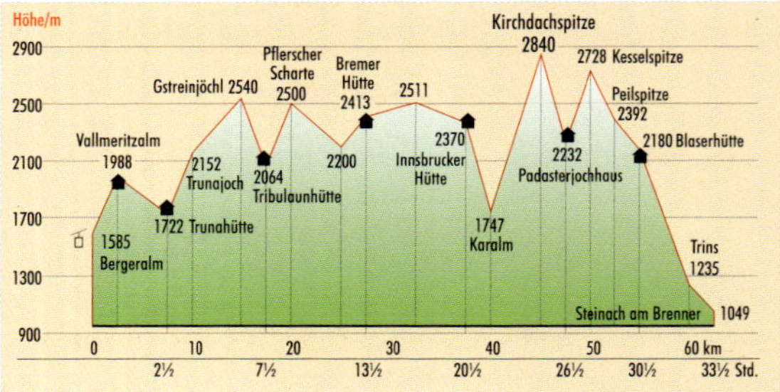

1. Etappe: Von der **Seilbahnstation** zum nahen **Restaurant Bergeralm,** auf der Forststraße Richtung Gerichtsherrnalm (Zentralalpenweg 02) und am Schlepplift vorbei. Nach ca. 500 m links abzweigen, zur Liftpiste hinauf und dort rechts Richtung Vallmeritzalm abbiegen. Auf dem ansteigenden Fahrweg zur nächsten Wegteilung, dort links weiter und in den Kessel der **Vallmeritzalm**. Auf dem flachen Steig Nr. 44 um

einen Rücken herum, bei der folgenden Wegteilung rechts zur Hirschlacke hinab und links zum Beginn eines Fahrweges. Dieser führt über den Valzambach, durch die gleichnamigen Mähder und über den nächsten Rücken zu einer Abzweigung: Rechts in 10 Min. zur **Trunahütte** hinunter.
2. Etappe: Auf dem Fahrweg wieder hinauf und weiter durch das Tal zur **Trunaalm.** Auf dem Steig Nr. 125 in die »Schöne Grube« und zum **Trunajoch** hinauf (von dort lohnt sich der kurze Abstecher links zum **Lichtsee**). Vom Joch nach rechts (Nr. 94), hoch über dem Obernberger Tal an der Abzweigung zur Rötenspitze vorbei und über eine kurze Felspassage (Stahlseil). Gleich danach rechts und unterhalb der Wandabstürze **»am Hohen Kreuz«** Richtung Muttenjoch aufsteigen. Bei der nächs-

ten Abzweigung links in die **Vordere Wildgrube** und durch eine kurze Felsrinne hinab (Sicherungen). Gleich danach rechts in die **Innere Wildgrube** (Quelle), rechts zu den Felsen hinauf und schräg zum **Gstreinjöchl.** Jenseits in vielen Kehren durch steilen Schutt zur **Tribulaunhütte** hinab.

3. Etappe: Auf dem Fahrweg kurz abwärts, unter dem Nordgrat des Gschnitzer Tribulauns links auf den Steig Nr. 60 abzweigen und durch das Geröllfeld unter dem Pflerscher Tribulaun ansteigen. Nach der Beschilderung zur italienischen Tribulaunhütte links gegen die **Pflerscher Scharte** hinauf. Knapp darunter rechts auf den Jubiläumssteig Richtung Bremer Hütte abbiegen, über einen **Grat** und durch ein Schuttkar unter der Schwarzen Wand hinunter. Hoch über dem Gschnitztal geht es Auf und Ab durch die Schuttkare am »Kühberg« unter der Weißwand vorbei. Im Norden des Schafkamp über eine felsige Passage (Stahlseile, kurze Leiter), oberhalb der Simmingalm zu einem Boden am Simmingbach und auf dem **Mitteregg-Rücken.** Hier trifft man auf den Zentralalpenweg 02, der links zur **Bremer Hütte** ansteigt.

4. Etappe: Kurz wieder Richtung Gschnitztal, bei einer Lacke jedoch links auf den Steig Nr. 124 zur Innsbrucker Hütte abzweigen. Durch felsiges Gelände (Sicherungen) steil ins Kar über der Simmingalm hinab, dann durch die Schutthänge unter der Äußeren Wetterspitze auf den Kamm der **Hohen Burg** hinauf (es gibt auch eine gesicherte Variante, die weiter oben am **Lautersee** vorbeiführt – dabei muss allerdings ein 30 m hoher, mit Seilen und Klammern gesicherter Kamin überwunden werden). In Kehren ins **Plattental** absteigen, dann hoch über der Traulalm und unter der Bockgrube vorbei. Durch die abschüssige **Wasenwand** zum **Trauljöchl** (Sicherungen), dahinter in die Beilgrube hinab und durch steile Hänge auf die **Pramarnspitze,** eine Vorlagerung der Glättespitze. Nochmals hinunter, durch den Schuttkessel im Süden des gewaltigen Habichts und quer durch einen Steilhang ins Kar der Pfannalm. Auf dem **Sendesgrat** (großer Steinmann) sieht man zum ersten Mal die **Innsbrucker Hütte,** die man durch das Kar mit dem kleinen **Alfairsee** erreicht.

5. Etappe: Ins nahe **Pinnisjoch** und links auf dem Steig Nr. 123 durch die Alfairgrube ins **Pinnistal** hinab. Ab der **Karalm** auf dem Fahrweg talaus Richtung **Pinnisalm.** Davor jedoch rechts abzweigen und auf dem ausgesetzten, stellenweise gesicherten »Jubiläumssteig« durch eine hohe Fels- und Schrofenflanke auf die **Kirchdachspitze.** Abstieg wie bei Tour 11 zum **Padasterjochhaus** (eine etwas weniger ausgesetzte Variante führt von der weiter unten gelegenen **Issenangeralm** auf dem Rohrauersteig über die **Hammerscharte** unterhalb der **Hammerspitze** dorthin).

6. Etappe: Auf dem Steig Nr. 8

Almrausch unter der Garklerin, nahe der Tribulaunhütte.

nordwärts über den Almboden auf die **Wasenwand** zu, im rechten Bereich des Kars in Kehren aufwärts und östlich um den Gipfel herum (kann leicht »mitgenommen« werden). Wir queren zum Grat und überschreiten diesen über den **Roten Kopf** bis vor den felsigen Aufbau der **Kesselspitze.** Kurz links in die Flanke und rechts zum Gipfelkreuz. Abstieg auf dem Grat nach Norden, dann rechts zu einer Abzweigung: Rechts über den Rücken der **Kugelwand** zu den Böden der **Falschwernalm** und ins **Kalbenjoch.** Hier beginnt der Aufstieg zur **Peilspitze,** der links des schroffen Kammes in eine Scharte und durch die felsige Südflanke (Sicherungen) zum Gipfelkreuz emporzieht. Abstieg auf dem Kamm neben den Lawinenverbauungen, dann rechts über die Kalbenjochmähder in einen flachen Sattel hinab und kurz zur **Blaserhütte** hinauf.

7. Etappe: Erst auf dem Fahrweg und dann auf dem Wanderweg Nr. 13, der die Straßenkehren durch die Sanddürrenmähder abkürzt, in die Senke am **Hablerberg** hinab. Bei einer Heuhütte rechts auf den Steig Nr. 30 Richtung Trins abbiegen, über die unteren Wiesen in den Wald hinunter. Nach zwei Straßenquerung über eine Lichtung und auf dem alten Almweg in einen Graben. Auf der Straße links durch den Ortsteil **Leiten** nach **Trins.** Auf der Hauptstraße kurz talaus, dann rechts zum **Gschnitzbach** hinunter. Auf dem Fahrweg daneben – oder jenseits auf dem beschilderten Waldweg – zur Station der **Bergeralmbahn.**

Stubaier Höhenweg

Die Königsroute hoch über den Tälern

Ausgangspunkt: Fulpmes, 937 m (Bahnhof, Bushaltestelle), Talstation der Kreuzjochbahn (Schlick 2000). Mit der Seilbahn zur Bergstation Kreuzjoch, 2100 m.
Charakter: Eine anspruchsvolle und eine über weite Strecken hochalpine Bergtour in 9 Etappen, von denen einige sehr lang sind. Stellenweise ausgesetzte bzw. gesicherte Steige im felsigen Steilgelände oder im Gletschervorfeld, deren Begehung nicht nur absolute Trittsicherheit und Schwindelfreiheit, sondern auch alpine Erfahrung erfordert. Für die gesamte Tour sollten zwei, drei zusätzliche Tourentage eingeplant werden. Da mit Ausnahme der Bremer Hütte alle Stützpunkte aus dem Stubaital erreichbar sind, kann die Route in beliebig viele Teiletappen »zerlegt« werden. Die Voranmeldung auf den Hütten ist ratsam.
Infos: www.stubaier-hoehenweg.at.
Gehzeit: 1. Etappe 2 Std., 2. Etappe 6 Std., 3. Etappe 4 Std., 4. Etappe 6 Std., 5. Etappe je nach Weg 2½ oder 3 Std., 6. Etappe je nach Weg 3 oder 4 Std., 7. Etappe 3½–4 Std., 8. Etappe 6–8 Std., 9. Etappe 3 Std. (über Elferhütte 6–7 Std.).
Einkehr: Sennjochhütte, Starkenburger Hütte, Seduck-Hochalm, Franz-Senn-Hütte, Neue Regensburger Hütte, Dresdner Hütte, Sulzenauhütte, Nürnberger Hütte, Bremer Hütte, Innsbrucker Hütte, Karalm, Pinnisalm, Issenangeralm, Herzebner Almwirt (evtl. Elferhütte und Autenalm).
Karte: KOMPASS Nr. 83.

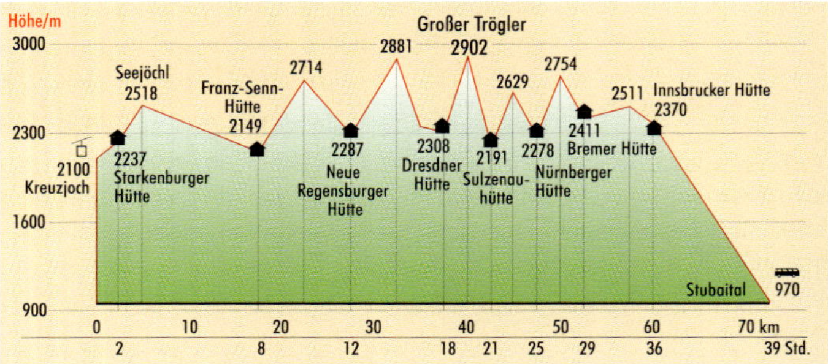

1. Etappe: Von der **Seilbahnstation Kreuzjoch** wandern wir (s.Tour 33) nach dem Wegweiser »Starkenburger Hütte« zur **Sennjochhütte.** Noch ein Stück über den Rücken gegen den Niederen Burgstall hinauf, dann links abzweigen und auf dem gut gesicherten Weg durch eine schroffe Felsflanke in eine Wiesenmulde. Links etwas abwärts, dann nach rechts und unter den Südabstürzen des **Hohen Burgstall** (Lawinenverbauungen) zur **Starkenburger Hütte** hinüber.

2. Etappe: Auf dem Steig Nr. 115 (102 A) kurz unter dem Hohen Burgstall aufwärts, dann links über

eine kleine Anhöhe und im schrägen Anstieg durch die sehr steilen Hänge über der Seealm zum **Schlicker Schartl.** Durch den Schutt unter der Schlicker Seespitze ins **Seeschartl.** Hier links abzweigen und durch den Südosthang des **Gamskogels** und links unter dem **Steinkogel** vorbei. Auf oder neben dem Grat zwischen dem Oberberger Tal und dem Senderstal ins **Sendersjöchl.** Es folgen ein steiler Serpentinen-Abstieg (Seilsicherung) unterhalb der Roten Wald und die lange Hangquerung durch die Südhänge des **Schwarzhorns** bis zur **Seducker Hochalm.** Ohne große Höhenunterschiede geht es nach der Markierung 02 A weiter, tief unter dem **Wildkopf** vorbei und über die **Schöne.** Im kurzen, aber sehr steilen Abstieg in die weite **Villergrube,** nach ihrer Durchquerung kurz durch felsiges Gelände (Sicherungen) zum **Steiniger** hinauf und zur Abzweigung Richtung Horntaler Joch: Links zu ei-

Nicht mehr weit zum Hohen Trögler (im Hintergrund der Hintere Daunkopf).

ner Klamm, von der man links über ein felsiges Eck zur **Franz-Senn-Hütte** hinab gelangt.

3. Etappe: Wir wandern nun auf dem Steig Nr. 133 Richtung Regensburger Hütte – erst ohne große Höhenunterschiede unter dem **Gschwezgrat,** durch das »Kuhgschwez« und am **Uelasgrat** vorbei. Über eine Steilstufe ins »Unnütze Grübl« und ins enge Schuttkar der **Platzengrube.** Dort nach rechts und in neuer Wegführung in die **Schrimmennieder-Scharte** (hier lohnt sich der kurze Abstecher links auf die 2829 m hohe **Basslerin,** auch Basslerjoch genannt). Auf der anderen Seite geht es in vielen Serpentinen durch das **Schrimmenkar** hinab. Auf 2300 m erreicht man den Weg von der Milderaunalm (Nr. 7), auf dem man rechts zur **Neuen Regensburger Hütte** gelangt.

4. Etappe: Zunächst wandern wir auf dem Weg Nr. 138 fast eben durch das Hohe Moos taleinwärts, dann gegen den Falbesoner See hinauf und kurz davor links unterhalb der Seitenmoräne zum Schutt des Hochmoosferners. Aufstieg über Firnfelder und die steile, manchmal vereiste Nordflanke (Sicherungen) in die Grawagrubennieder – die »Schlüsselstelle« und auch der höchste Punkt des Höhenweges (2881 m). Südwärts durch das Vorfeld des Grawawandferners hinab. Nach rechts und auf dem stellenweise gesicherten Steig durch die steilen Hänge der Nockgrube, über die Scharte beim Schafspitzl ins Schafgrübl und über eine weitere Gratrippe ins Ruderhof-Kar. Durch den Auslauf des Hölltals zur Einmündung des Weges, der links von der Mutterbergalm heraufzieht. Kurz zur nächsten Abzweigung, dort links weiter und unterhalb des Mutterberger Sees über den Zunterkopf. Im Bogen

Zur Neuen Regensburger Hütte

Wer den Stubaier Höhenweg um zwei Etappen abkürzen möchte, kann in Milders starten und von der Milderaunalm auf einem schönen Höhenweg zur Neuen Regensburger Hütte wandern: Wie bei Tour 28 von Milders zur Milderaunalm und weiter Richtung Hühnerspiel, bis links der Steig Nr. 138 abzweigt. Auf diesem im sanften Auf und Ab an der Waldgrenze und zwischen Latschen in die Kerrachgrube. Es folgt ein steiler Anstieg zum »Ring«, einem Rücken unter dem Basslerjoch. Dahinter eben über die Bassler Rinnen zu einem weiteren Gratabsatz und kurz über Felsen ins Schrimmenkar hinab. Zuletzt auf dem einmündenden Stubaier Höhenweg zur Neuen Regensburger Hütte (3 Std. ab Milderaunalm).

unterhalb der Glamergrube absteigend erreicht man eine Schotterstraße, der man bergwärts folgt. Oberhalb einer Karstufe zweigt links ein markierter Pfad ab: Er führt über die Egesennieder (Sicherungen) in ein felsiges Hochtal und zur Dresdner Hütte (Mittelstation der Gletscherseilbahn) hinab.

5. Etappe: Wie bei Tour 24 zur Sulzenauhütte.

6. Etappe: Auf dem Zentralalpenweg 02 Richtung Nürnberger Hütte. Unter der weiten Rasenmulde des Schafgrübls (Grünau) teilt sich der Weg: Rechts geht es auf mit der Markierungsnummer 02 über das Niederl zur Nürnberger Hütte hinüber. Länger und etwas schwieriger, aber schöner ist der linke Pfad (Wegweiser »Mairspitze«), der an zwei Seen vorbeizieht, über einen Schutthang ansteigt und durch eine Felsmulde die Scharte südlich der Mairspitze erreicht (kurzer Abstecher zum Kreuz am Grat; der 2780 m hohe Gipfel ist von dort in mäßig schwieriger Kletterei erreichbar). Jenseits steil und ausgesetzt über eine Felsrippe hinab (Sicherungen). Unten nach rechts durch einen Hang zur Vereinigung mit dem Steig übers Niederl und zur nahen Nürnberger Hütte.

7. Etappe: Weiter auf dem Zentralalpenweg 02 – erst flach über Gletscherschliffe, dann im steilen Abstieg zum Steg über den Langentalbach und talaus zu einer kurzen, felsigen Steilstufe (Sicherungen), über die man zu den kleinen Seen im »Paradies« hinaufkommt. Durch das Untere und das Obere Grübl, zuletzt in Kehren über Felsen zur Zollhütte im Simmingjöchl (lohnender Abstecher zum Eisee mit Gletschertor, siehe Tour 9). Es folgt der Abstieg durch eine steile Fels- und Schuttrinne (Sicherungen), dann geht es quer durch den Hang gegenüber des Simmingferners zur Bremer Hütte.

8. Etappe: Wie bei Tour 10 zur Innsbrucker Hütte.

9. Etappe: Vom nahen Pinnisjoch auf dem Steig Nr. 123 ins Pinnistal hinunter und auf dem Fahrweg ins Stubaital hinaus (Busverbindung von Neder bei Neustift nach Fulpmes). Eine verlockende Alternative bietet der Panoramaweg, der von der Karalm zur Elferhütte führt (Tour 18; Talfahrt mit der Elferbahn oder Abstieg wie bei Tour 19 über die Autenalm nach Neustift).

Ziffern beziehen sich auf Seitenzahlen

IDEALE REISEBEGLEITER FÜR INDIVIDUAL-REISENDE!

Reise-Handbuch
Südafrika
800 Seiten · 25,95 €

Reise-Handbuch
USA-Südwesten
734 Seiten · 25,95 €

Reise-Handbuch
Provence
568 Seiten · 20,95 €

Reisehandbücher aus dem Iwanowski-Verlag sind stets **solide recherchiert, klar gegliedert,** mit **vielen Karten** und einer **herausnehmbaren Reisekarte** versehen.

Aufbauend auf dem Schwerpunkt Südliches Afrika, umfasst das Verlagsprogramm heute **über 70 Titel weltweit**, den nordamerikanischen Kontinent ebenso wie den pazifischen Raum und Europa.

Über den guten Buchhandel oder portofrei direkt von:

IWANOWSKI'S REISEBUCHVERLAG

Iwanowski's Reisebuchverlag • Salm-Reifferscheidt-Allee 37 • 41540 Dormagen
Tel. 02133/260311 • Fax. 02133/260333 • info@iwanowski.de • www.iwanowski.de